Nicole-Anne Véro

Cahier XV

Mes recettes végétariennes

Christine Bonneton

17, avenue Théophile-Gautier, 75016 Paris
EAN : 978-2-86253-506-7

Nicole-Anne Véronique

Cahier XV

Mes recettes végétariennes

Christine Bonneton

Sommaire

Introduction

Aujourd'hui, les légumes, légumineuses et autres germes ont la cote ! Ils se cuisinent à toutes les sauces et on en fait tout un repas : soupes, terrines, salades, tartes et plats complets, vous allez voir la vie en vert !

De l'entrée au dessert, composez votre menu en mariant les recettes d'hier et les saveurs d'aujourd'hui : des potages de grand-mères au curry de quinoa, de la mousse d'asperges aux galettes d'épeautre, des tartes aux blettes aux salades épicées de cumin, de gingembre ou de coriandre, des lasagnes aux risotto, sans oublier les tartes sucrées et les salades de fruits, vous trouverez dans ce cahier plus de 150 manières d'accommoder votre verger et votre potager.

Et pas besoin d'être végétarien pour les apprécier !

Les recettes proposées ici sont calculées, sauf exception, pour 6 à 8 personnes.

four doux = th. 3-4 ; four moyen = th. 6 ; four chaud = th. 8

Liquides : 1 cuillère à café = 0,5 cl - 1 cuillère à soupe = 1,5 cl

1 verre à liqueur = 3 cl - 1 verre = 20 cl - 1 bol = 40 cl

Farine : 1 cuillère à café = 3 g - 1 cuillère à soupe = 10 g - 1 verre = 100 g

Fécule : 1 cuillère à café = 4 g - 1 cuillère à soupe = 12 g - 1 verre = 120 g

Sel et sucre en poudre : 1 cuillère à café = 5 g

-1 cuillère à soupe = 15 g - 1 verre = 150 g

Crème fraîche : 1 cuillère à soupe = 20 g

Beurre : 1 petite cuillère = 15 g - 1 grosse cuillère = 25 g

Gélatine : 1 feuille = 1 cuillère à soupe de poudre = 6 g d'agar agar (gélifiant alimentaire végétal).

Mes soupes des 4 saisons

Velouté d'asperges

- 500 g d'asperges
- 50 g de beurre
- 50 g de farine
- 1 verre de lait
- 1 l d'eau
- sel, poivre
- ciboulette

Pour la liaison :
- 1 jaune d'œuf
- 10 cl de crème fraîche

Epluchez les asperges, coupez les pointes sur 2 cm. Plongez les pointes 5 mn dans l'eau bouillante salée, égouttez, passez sous l'eau froide et réservez.

Faites blanchir dans la même eau, pendant 5 mn également, les tiges coupées en tronçons.

Faites un roux blond avec beurre et farine. Mouillez avec l'eau dans laquelle ont blanchi les asperges. Remuez jusqu'à ébullition et ajoutez les asperges. Laissez cuire le tout à petit feu, mixez. Remettez à bouillir avec le lait.

Préparez une liaison avec jaune d'œuf et crème fraîche. Incorporez-la délicatement à la soupe, faites chauffer encore 1 mn à feu très doux. Servez en ajoutant dans les assiettes les pointes d'asperges et en saupoudrant de ciboulette.

Soupe d'aubergines aux parfums de Provence

- 600 g d'aubergines
- 6 tomates
- 2 oignons
- 4 gousses d'ail
- 1,5 l d'eau ou de bouillon de légumes
- 3 cuil. à soupe de riz
- huile d'olive
- basilic
- marjolaine
- sel, poivre
- parmesan

Faites dorer dans l'huile d'olive les aubergines coupées en dés. Ajoutez les oignons, puis les tomates et l'ail coupé en tout petits morceaux. Laissez cuire 5 mn à petit feu, puis mouillez avec le bouillon, ajoutez quelques feuilles de basilic ciselées et un peu de marjolaine fraîche, salez, poivrez. Faites mijoter à feu doux une demi-heure. Ajoutez le riz et poursuivez la cuisson encore 10 mn. Servez dans des assiettes chaudes, avec du parmesan râpé.

Velouté de betteraves rouges

- 750 g de betteraves rouges crues
- 1 oignon
- 2 branches de céleri
- 1 poivron rouge
- 1 pomme verte
- 2 l de bouillon de légumes
- 20 cl de crème fraîche
- 1 citron
- 1/2 cuil. à café de graines de carvi (ou 1 cuil. à café de graines de cumin)
- thym
- laurier
- aneth
- sel, poivre

Dans une grande casserole, faites dorer sans colorer l'oignon émincé, ajoutez tous les légumes (et la pomme) coupés en petits dés, faites-les revenir 5 mn à feu doux, puis ajoutez le bouillon de légumes, les graines de carvi ou de cumin, une feuille de laurier, une brindille de thym, sel, poivre. Portez à ébullition et laissez bouilloter une bonne demi-heure. Hors du feu, ajoutez le jus de citron et mixez.

Au moment de servir, incorporez la crème, faites réchauffer à feu très doux 2 à 3 mn.

Servez dans des assiettes chaudes, saupoudrez d'aneth haché.

Le « plus » gourmand : un accompagnement de croûtons dorés au beurre.

Soupe de blettes au brocciu comme en Corse

- 300 g de blettes
- 300 g de pommes de terre
- 300 g de brocciu frais
- 2 cuil. d'huile d'olive
- 1,5 l d'eau
- sel, poivre

Coupez en petits morceaux les feuilles de blettes et les pommes de terre.
Versez dessus 1,5 l d'eau bouillante salée, additionnée d'huile d'olive.
En fin de cuisson, au bout d'une demi-heure environ, ajoutez le brocciu frais, poivrez généreusement. Servez sur des tranches de pain grillé.

Variante : le brocciu frais peut être remplacé par du brocciu sec que l'on aura préalablement mis à tremper la veille.

Crème de brocolis

- 500 g de brocolis
- 1 oignon,
- 1 courgette
- 1 branche de céleri
- 30 g de beurre
- 30 g de farine
- sel, poivre
- ciboulette ou cerfeuil

Pour la liaison :
- 1 jaune d'œuf
- 10 cl de crème fraîche

Faites cuire tous les légumes coupés en morceaux dans un bon litre d'eau bouillante salée, pendant une demi-heure environ. Egouttez et réservez le jus de cuisson.
Avec beurre et farine, faites un roux blond que vous mouillerez avec un peu du jus de cuisson des légumes. Faites épaissir légèrement en tournant sans cesse. Ajoutez les légumes et le reste du jus de cuisson. Salez, poivrez. Laissez mijoter encore à feu très doux durant quelques minutes. Mixez.
Avec jaune d'œuf et crème, préparez la liaison, incorporez-la délicatement dans le velouté, chauffez 1 mn et servez. Saupoudrez les assiettes servies de ciboulette ou de cerfeuil finement ciselés.

Soupe aux trois céleris

- 1 céleri-boule
- 1 céleri-branche
- 1 brin de céleri sauvage
- 1 pomme de terre
- 1,5 l d'eau
- 1 cube de bouillon de légumes
- 1 cuil. de beurre
- 1 oignon
- 1 cuil. à café d'huile de tournesol
- sel, poivre du moulin

Préparez le bouillon de légumes en laissant fondre le cube dans l'eau bouillante.
Emincez le céleri-branche et l'oignon, puis faites-les revenir au beurre et à l'huile, à feu doux.
Conservez une poignée de pluches de céleri ainsi que quelques morceaux pour décorer.
Mouillez avec le bouillon.
Epluchez le céleri-boule et coupez-le grossièrement en dés, ainsi que la pomme de terre.
Ajoutez-les à la soupe, ainsi que la branche de céleri sauvage, salez légèrement, poivrez.
Laissez cuire environ 30 mn à couvert, puis 10 mn à découvert.
Mixez et servez en parsemant les assiettes de petits morceaux et de pluches de céleri.

Velouté de cèpes

- 8 beaux cèpes
- 1,5 l de lait
- 2 cuil. à soupe d'huile
- sel, poivre
- persil

Nettoyez soigneusement les champignons, essuyez les têtes, pelez légèrement les pieds. Coupez les têtes de cèpes en tranches, hachez les pieds.

Faites chauffer le lait et, quand il bout, jetez-y les cèpes (réservez quelques tranches que vous ferez rissoler dans un peu d'huile). Salez, poivrez généreusement. Laissez mijoter un bon quart d'heure. Mixez le reste du potage.

Servez dans des assiettes chaudes, décorez avec les tranches de cèpes rissolées, saupoudrez d'un hachis de persil.

Le « plus » gourmand : un accompagnement de croûtons dorés au beurre.

Velouté à la châtaigne

- 500 g de châtaignes cuites à l'eau, épluchées et mixées
- 2 l de bouillon de légumes
- 1 oignon
- 2 blancs de poireaux
- 25 cl de crème fraîche
- 1 cuil. à dessert de farine
- 1 cuil. à soupe de beurre

Dans une casserole à fond épais, faites chauffer le beurre et faites revenir l'oignon haché fin.

Versez en pluie la farine, tournez et attendez que la farine prenne une couleur légèrement brune.

Ajoutez petit à petit le bouillon, les poireaux coupés en morceaux. Salez et poivrez. Laissez cuire 30 mn.

Ajoutez les châtaignes et faites cuire doucement encore 10 mn. Mixez et ajoutez la crème fraîche hors du feu.

Soupe aux choux à la normande

- 2 beaux choux
- 6 poireaux
- 1 noix de beurre
- 1,5 l de bouillon de légumes
- 1 grosse poignée d'oseille
- sel et poivre

Pour la liaison :
- 1 jaune d'œuf
- 3 cuil. à soupe de crème fraîche

Lavez soigneusement les choux, effeuillez-les et émincez-les. Fendez en deux les poireaux, lavez-les et coupez-les en tronçons.
Faites revenir au beurre les poireaux, puis les choux. Mouillez avec le bouillon.
Laissez cuire à feu doux une bonne heure.
Ajoutez l'oseille ciselée, faîtes bouillir encore quelques minutes.
Au moment de servir, mélangez dans un bol le jaune d'œuf et la crème fraîche, tiédissez en remuant avec une louche de soupe.
Versez la liaison dans la soupière, la soupe par-dessus.
Servez immédiatement.

Crème du Barry

- 1 chou-fleur
- 4 carottes
- 1 oignon
- 3 pommes de terre
- 1,5 l d'eau
- 50 g de beurre
- sel, poivre
- muscade
- cerfeuil

Pour la liaison :

- 1 jaune d'œuf
- 1 tasse de crème fraîche

Préparez le chou-fleur, découpez-le en bouquets. Coupez les autres légumes en gros morceaux.

Faites dorer les carottes et l'oignon avec le beurre. Ajoutez 1,5 l d'eau, le chou-fleur et les pommes de terre. Salez, poivrez, saupoudrez d'une pincée de muscade.

Faites mijoter à couvert une demi-heure environ. Passez tous les légumes au moulin ou mixez.

Dans une soupière chaude, mélangez au fouet jaune d'œuf et crème fraîche.

Versez le potage sur cette préparation.

Servez dans les assiettes et saupoudrez de cerfeuil haché.

Potage aux courgettes

- 500 g de courgettes
- 500 g de pommes de terre
- 1 gros oignon
- 1 cuil. à soupe d'huile de tournesol
- 1,5 l d'eau
- 1 cuil. à soupe de crème fraîche
- sel, poivre
- 4 portions de vache-qui-rit

Sur feu vif, versez l'huile au fond d'une cocotte. Faites-y blondir l'oignon émincé. Ajoutez courgettes et pommes de terre coupées en morceaux. Mouillez le tout avec l'eau bouillante. Salez et poivrez. Faites cuire à petit feu. Vérifiez la cuisson en piquant les légumes avec la pointe d'un couteau.

Avant de servir, passez les légumes ou mixez avec la vache-qui-rit et la crème fraîche.

Soupe courgettes-basilic

- 6 courgettes
- 3 œufs
- 5 cuil. à soupe de basilic haché
- 1,5 l de bouillon de légumes

Dans une cocotte, faites frire à l'huile d'olive les courgettes coupées en dés. Versez dessus le bouillon de légumes chaud. Laissez cuire 5 mn.

Ajoutez hors du feu les œufs battus en

- 3 tomates pelées et concassées
- 5 cuil. à soupe d'huile d'olive
- sel, poivre

omelette et le basilic. Salez, poivrez. Laissez épaissir sur feu doux sans cesser de remuer.
Jetez les tomates dans la soupe au moment de servir.

Velouté de courgettes à la moutarde

- 6 courgettes
- 1 grosse cuil. à soupe de moutarde
- 1 l d'eau
- 10 cl de crème fraîche
- sel, poivre
- cerfeuil
- croûtons

Coupez les courgettes en grosses tranches. Mettez-les à cuire dans de l'eau bouillante salée un quart d'heure.
Incorporez la moutarde, la crème fraîche, poivrez généreusement. Mixez pour obtenir un velouté.
Servez dans les assiettes avec de petits croûtons dorés au beurre.

Le « plus » gourmand : un hachis de cerfeuil haché dans les assiettes servies.

Velouté de cresson

- 1 botte de cresson
- 2 grosses pommes de terre
- 1 oignon
- 40 g de beurre
- muscade
- sel, poivre
- 20 cl de crème fraîche
- 1 cuil. à soupe de cerfeuil haché

Lavez et triez très soigneusement le cresson, enlevez tiges et feuilles flétries. Epluchez les pommes de terre et l'oignon.
Dans une cocotte, faites revenir le cresson et l'oignon émincé avec le beurre. Mouillez avec 1,5 l d'eau que vous aurez portée à ébullition, ajoutez les pommes de terre, sel, poivre et une pincée de muscade râpée. Laissez cuire à feu doux 1 h environ. Mixez.
Au moment de servir, goûtez pour rectifier l'assaisonnement, ajoutez la crème fraîche et, si la saison s'y prête, saupoudrez de cerfeuil.

Variante : ajoutez en cours de cuisson quelques rondelles fines de cornichon et saupoudrez le potage servi dans les assiettes d'un hachis d'œuf dur.

Fondue d'endives

- 4 belles endives
- 4 pommes de terre
- 1 noix de beurre
- 1 demi citron
- 1 cuil. à café de sucre
- 3 cuil. à soupe de crème fraîche épaisse
- sel, poivre
- cerfeuil

Préparez les endives, creusez la base pour en enlever l'amertume, coupez-les en rondelles.
Dans un faitout, faites fondre les endives avec le beurre, à feu très doux, pendant quelques minutes. Saupoudrez-les de sucre, arrosez-les de jus de citron. Ajoutez les pommes de terre coupées en petits morceaux, mouillez avec un bon litre d'eau bouillante salée. Poivrez généreusement.
Faites mijoter à couvert sur feu doux pendant une demi-heure. Mixez.
Incorporez la crème fraîche, réchauffez encore 1 ou 2 mn et servez.
Saupoudrez la soupe de cerfeuil finement ciselé.

Variante roborative : versez la soupe sur des tranches de pain grillé, saupoudrez généreusement de gruyère râpé et faites gratiner à four chaud.

Crème d'épinards au cumin

- 750 g d'épinards
- 1 petit oignon
- 2 gousses d'ail
- 1 cuil. à soupe de graines de cumin
- 1 l d'eau
- huile d'olive
- 10 cl de crème fraîche
- sel, poivre

Faites dorer dans de l'huile d'olive les graines de cumin, l'oignon émincé, l'ail écrasé. Ajoutez les épinards grossièrement hachés, faites fondre doucement en remuant avec une cuillère de bois.

Mouillez d'un bon litre d'eau bouillante salée. Laissez mijoter à couvert un quart d'heure.

Incorporez la crème fraîche, faites chauffer encore 1 mn et servez immédiatement dans des assiettes chaudes.

Variante : vous pouvez aussi, pour un véritable repas, pocher dans la soupe un œuf par convive et le glisser délicatement dans l'assiette servie.

Potage multi-légumes

- 4 navets
- 1 quart de chou blanc
- 3 pommes de terre
- 3 poireaux
- 3 carottes
- 1 branche de céleri
- 1 oignon piqué d'1 clou de girofle
- 1 grosse noix de beurre
- 2 l d'eau
- sel, poivre

Nettoyez les poireaux et le céleri, émincez-les. Épluchez les carottes, les navets et les pommes de terre, coupez-les en dés. Nettoyez le chou, ôtez les côtes et coupez les feuilles en fines lanières.

Dans une cocotte, faites fondre avec le beurre, les poireaux, le chou, le céleri, les carottes et les navets.

Mouillez de 2 l d'eau, ajoutez l'oignon piqué d'1 clou de girofle, salez, poivrez et laissez cuire à petit feu.

Au bout d'1 h, ajoutez les pommes de terre et continuez la cuisson encore 30 mn.

Sortez de la soupe l'oignon piqué du clou de girofle et servez dans des assiettes chaudes.

Variante : à la saison nouvelle, on peut ajouter des petits pois, de la laitue et saupoudrer la soupe de cerfeuil ciselé.

Soupe aux lentilles du Puy

- 250 g de lentilles
- 1,5 l d'eau
- 1 carotte
- 1 oignon
- 1 poireau
- 1 rave
- 1 morceau de céleri
- 1 bouquet garni
- 40 g de beurre

Lavez les lentilles, versez-les dans une casserole d'eau froide, portez à ébullition et faites cuire 1 h avec carotte, oignon, poireau, rave, céleri, bouquet garni, sel et poivre.
Retirez le bouquet garni et réservez le bouillon.
Passez les ingrédients au presse-purée ou au mixer et ajoutez petit à petit le bouillon.
Au moment de servir, ajoutez dans la soupe un bon morceau de beurre.

Variante épicée : une pincée de cardamome pour parfumer le bouillon.

Gratinée d'oignons

- 500 g d'oignons
- 50 g de beurre
- 1 pain de campagne (même rassis)
- 1 l d'eau
- 1 l de vin blanc sec
- 1 dose de safran
- 250 g de gruyère râpé
- sel, poivre

Coupez le pain en tranches fines. Râpez le fromage. Faites rissoler les oignons dans le beurre. Mettez le mélange eau-vin à chauffer, ajoutez-y le safran, salez, poivrez.
Dans un plat creux assez haut et allant au four, rangez une couche de pain, une couche de gruyère, en alternant. Terminez par le fromage.
Recouvrez avec les oignons rissolés. Salez, poivrez. Ajoutez le bouillon très doucement pour que le pain ait le temps de bien s'imprégner et jusqu'à ce que le liquide affleure la dernière couche, mais sans remplir le plat : en chauffant, le pain va gonfler et le mélange pourrait déborder.
Passez quelques minutes à four chaud et faites gratiner.
Ce plat peut se faire la veille. D'ailleurs, préparé la veille, le pain sera mieux imprégné.

Potage aux orties

- 2 grosses poignées de très jeunes orties
- 1 grosse noix de beurre
- 500 g de pommes de terre
- 2 l d'eau
- 1 bouquet de ciboulette ou d'ail des ours
- 1 bouquet de cerfeuil
- 2 cuil. à soupe de crème fraîche
- sel, poivre

Lavez les orties très soigneusement, ne gardez que les feuilles tendres des sommités. Faites fondre les orties dans le beurre. Mettez les pommes de terre épluchées, lavées et coupées en cubes, dans 2 l d'eau froide. Dès que l'eau bout, jetez-y les orties, salez, poivrez. Laissez cuire pendant 20 mn sans couvrir, passez le potage.
Ajoutez alors la ciboulette ou l'ail des ours et le cerfeuil que vous couperez finement aux ciseaux. Donnez un petit bouillon de 5 mn (pas davantage sans quoi votre potage deviendrait gris), et versez dans la soupière.
Ajoutez une spirale de crème fraîche et servez.

Le « plus » gourmand : une liaison jaunes d'œuf/crème fraîche et un rien de muscade.

Velouté d'oseille

- 250 g d'oseille jeune
- 1,5 l d'eau
- 4 pommes de terre
- 60 g de beurre
- 15 cl de crème fraîche
- 1 œuf
- sel, poivre

Lavez soigneusement les feuilles d'oseille, équeutez-les. Dans une grande casserole, faites fondre l'oseille avec du beurre. En quelques minutes, l'énorme masse de feuilles se transforme en une sorte de pommade. Versez dessus 1,5 l d'eau froide, ajoutez les pommes de terre coupées en morceaux, salez. Laissez cuire 30 mn environ. Passez à la moulinette.

Dans un bol, mélangez œuf et crème fraîche. Versez dessus, en remuant bien, quelques cuillerées de soupe. Jetez votre liaison dans la casserole, chauffez en tournant sans cesse, surtout ne faites pas bouillir. Servez immédiatement.

Variante : à la cuisson, ajoutez des jeunes pousses de pissenlits finement ciselées et des échalotes hachées. Servez le velouté sur des tranches de pain dorées au beurre.

Soupe au pistou

- 500 g de haricots plats
- 150 g de haricots blancs secs
- 150 g de haricots rouges secs
- 4 courgettes
- 4 pommes de terre
- 1 oignon
- 1 branche de céleri
- 2 carottes
- 2 poireaux
- 150 g de gros vermicelles

Pour le pistou :

- 1 gros bouquet de basilic
- 4 gousses d'ail épluchées
- 2 tomates
- 50 g de parmesan râpé
- 1 verre d'huile d'olive
- sel

Faites tremper les haricots secs 24 h puis égouttez-les. Epluchez les pommes de terre, l'oignon et les carottes. Equeutez les haricots verts, lavez les poireaux et coupez tous ces légumes en dés. Mettez un filet d'huile d'olive dans une marmite puis les légumes durant 5 mn en mélangeant bien. Mouillez avec 2 l d'eau bouillante et laissez cuire à petits bouillons 1 h 30, jusqu'à ce que les haricots secs soient cuits. Salez 15 mn avant la fin de la cuisson.

Pendant ce temps, préparez le pistou : ébouillantez les tomates pour mieux les peler et les épépiner, coupez-les en petits morceaux. Dans un mortier, pilez le basilic avec ail, tomate et fromage en incorporant de l'huile d'olive.

Quelques minutes avant de servir, jetez les pâtes dans la marmite.

Dès qu'elles sont cuites, incorporez le pistou hors du feu dans la soupe.

Potage Saint-Germain

- 500 g de pois cassés
- 2 oignons piqués d'un clou de girofle
- quelques feuilles de laitue
- 1 bouquet garni
- 1,5 l d'eau
- 4 tranches de pain rassis
- 1 noix de beurre
- sel, poivre

Dans une grande casserole, mettez les pois cassés, les oignons, les feuilles de laitue, le bouquet garni.
Recouvrez très largement d'eau froide.
Salez, poivrez.
Couvrez et laissez cuire 1 h 30.
Enlevez le bouquet garni, mixez.
Au moment de servir, faites dorer au beurre le pain rassis.
Servez la soupe sur les croûtons frits

Soupe de poireaux au cantal

- 200 g de cantal
- 4 pommes de terre
- 3 poireaux
- 2 l d'eau
- 3 gousses d'ail
- 100 g de crème fraîche
- 100 g de pain de campagne
- 1 noix de beurre
- quelques brins de persil
- gros sel, poivre

Epluchez et lavez les poireaux et les pommes de terre, coupez-les en fines rondelles. Faites fondre le beurre dans un grand faitout et faites-y revenir poireaux et pommes de terre. Mouillez avec 2 l d'eau, salez, poivrez et ajoutez le persil. Laissez cuire environ 40 mn.

Coupez le pain de campagne en rondelles. Faites-les griller. Râpez le cantal.

Frottez une soupière allant au four avec les gousses d'ail, déposez-y la moitié du fromage râpé, puis les rondelles de pain et la crème fraîche.

Versez la soupe par-dessus. Saupoudrez du reste de cantal et faites gratiner au four.

Potage de riz en verdure

- 8 poireaux
- 2 oignons
- 1 botte de cresson
- l'équivalent d'une botte d'un mélange de cerfeuil et de persil plat
- 300 g de riz
- 2 l de bouillon de légumes
- 1 tasse de crème fraîche
- 1 petite tranche de roquefort
- une dizaine de noisettes entières
- un peu d'huile
- sel et poivre du moulin

Epluchez et émincez les oignons. Lavez les poireaux et coupez les blancs en fines rondelles. Lavez le cresson, hachez-le très finement. Portez le bouillon de légumes à ébullition. Mettez l'huile dans une grande casserole. Faites suer à couvert les oignons et les poireaux pendant 5 mn. Ajoutez le cresson et laissez fondre en remuant. Versez le riz en pluie, salez, mélangez à nouveau puis versez le bouillon très chaud sur le riz en verdure. Mélangez et laissez cuire environ 20 mn.

Pendant ce temps, concassez finement les noisettes. Ecrasez à la fourchette le roquefort dans la crème, ajoutez les noisettes, poivrez et battez jusqu'à obtenir un mélange onctueux.

Ciselez finement les herbes fraîches.

Versez le potage de riz très chaud dans une grande soupière chauffée. Ajoutez la crème de roquefort aux noisettes, mélangez puis saupoudrez de persil et de cerfeuil.

Potage Parmentier

- 6 pommes de terre
- 1 gros oignon
- 1 noix de beurre
- 20 cl de crème fraîche épaisse
- 150 g de gruyère râpé
- sel, poivre
- muscade
- ciboulette

Faites fondre l'oignon haché dans le beurre. Ajoutez les pommes de terre coupées en tranches, versez dessus un bon litre d'eau bouillante salée. Laissez cuire une demi-heure, mixez.

Ajoutez la crème fraîche dans la soupe. Poivrez généreusement, râpez un peu de noix muscade. Chauffez encore 2 mn et versez dans la soupière sur le gruyère râpé.

Servez dans des assiettes préalablement chauffées, saupoudrez de ciboulette hachée.

Variante : 1 cuil. à café de graines de cumin dans le bouillon de cuisson pour un goût un peu différent.

Potage d'automne

- 1 kg de potiron
- 3 grosses pommes de terre
- 1 oignon
- 1 l d'eau
- 1 l de lait
- 1 noix de beurre
- 1 cuil. à soupe de crème fraîche
- sel, poivre

Épluchez le potiron, retirez les graines et les parties filandreuses, coupez la chair en gros dés. Dans un grand faitout, faites dorer au beurre l'oignon émincé finement. Ajoutez l'eau, le potiron et les pommes de terre coupées en gros morceaux, sel et poivre. Laissez cuire 1 h environ. Égouttez et moulinez les légumes. Couvrez-les de lait. Laissez mijoter un peu. Passez à nouveau et servez avec de la crème fraîche.

Variantes : à la place des pommes de terre, on peut mettre un peu de riz (3 cuil. à soupe) ou bien de la farine de châtaignes (2 cuil. à soupe délayées dans un peu d'eau froide).

Soupe de tomates

- 1 kg de tomates
- 10 cl de crème
- 1 oignon
- huile d'olive
- 2 gousses d'ail
- 1 bouquet garni
- 2 cuil. à soupe de concentré de tomate
- 1 bouquet de basilic
- sel, sucre, poivre

Faites revenir l'oignon émincé dans l'huile d'olive. Ajoutez tomates, ail, basilic haché, bouquet garni et concentré de tomate. Assaisonnez Ajoutez un bon litre d'eau, portez à ébullition. Couvrez, laissez mijoter doucement 15 mn. Retirez le bouquet garni et mixez la soupe. Incorporez la crème et servez en saupoudrant de feuilles de basilic ciselées.

Velouté rouge express

- 5 gousses d'ail
- 0,5 l de lait
- huile d'olive
- 3 branches de thym
- 2 pincées de sel
- 1 boîte de tomates entières en conserve
- 2 cuil. à café de maïzena

Faites revenir dans l'huile l'ail, épluché et coupé en morceaux, ajoutez les tomates avec le jus, ainsi que le lait, le thym frais et le sel. Portez à ébullition. Otez le thym. Mixez. Épaississez avec la maïzena délayée dans un peu d'eau froide. Faites bouillir 1 mn en remuant et servez.

Velouté de topinambours

- 1 kg de topinambours
- 5 échalotes hachées
- 1 noix de beurre
- 1 l de lait
- 20 cl de crème fraîche
- sel, poivre
- quatre-épices

Faites suer les échalotes hachées très fin dans le beurre.
Ajoutez les topinambours épluchés et coupés en morceaux et faites-les revenir quelques minutes. Salez, poivrez, saupoudrez d'une pincée de quatre-épices. Mouillez avec le lait.
Laissez cuire doucement 30 mn. Mixez, puis ajoutez la crème. Servez immédiatement.

Le topinambour, totalement inconnu des jeunes générations et qui rappelle aux anciens des temps difficiles, est un légume très fin, au léger goût de fond d'artichaut, qui mérite d'être remis au goût du jour.

Soupe aux légumes oubliés

- 5 topinambours
- 2 gros panais
- 4 carottes
- 1 oignon
- 1 l de bouillon de légumes
- 1 cuil. à soupe d'huile d'olive
- 5 brins de ciboulette
- 1 grosse cuil. à sope de crème fraîche
- sel, poivre

Epluchez et coupez l'oignon en petits dés. Faites-le suer dans une casserole avec l'huile d'olive.

Epluchez les légumes et coupez-les en gros dés. Ajoutez l'oignon revenu et le bouillon. Portez à ébullition puis laissez mijoter 15 à 20 mn environ jusqu'à ce que les légumes soient fondants.

Mixez finement, assaisonnez et servez saupoudré de ciboulette ciselée et de crème fraîche.

Mes terrines, cakes et pâtés

Terrine d'avocats au poivre vert

- 6 avocats
- 1 citron jaune
- 2 citrons verts
- 1 sachet de gelée
- 2 cuil. à soupe de poivre vert en grains
- 2 cuil. à soupe de moutarde au poivre vert
- 1 poivron rouge bien mûr
- 1 pincée de cayenne
- sel

Ecrasez finement une cuillerée de grains de poivre vert. Préparez la gelée en diminuant légèrement la quantité de liquide demandée, poivrez-la avec le poivre vert.
Extrayez le jus du citron jaune. Epépinez le poivron rouge, coupez-le en petits cubes. Coupez les citrons verts en très fines tranches. Mettez à refroidir au congélateur le moule à cake que vous utiliserez.
Avec une cuillère, détachez la chair des avocats, écrasez-la à la fourchette. Ajoutez à cette purée une bonne moitié de la gelée, la moutarde, le poivre vert, une pincée de cayenne. Arrosez du jus du citron jaune, salez. Malaxez longuement pour obtenir un mélange très homogène. Mettez au frais.
Nappez le fond et les côtés de votre moule bien froid d'une fine couche de gelée, faites prendre au réfrigérateur. 10 mn après, disposez sur le fond et sur les côtés des tranches de citron vert, arrosez à la cuillère d'un peu de gelée, faites prendre au réfrigérateur. Au bout d'une demi-heure, emplissez le moule de la purée d'avocats en intercalant au milieu une couche de poivron rouge. Recouvrez de gelée.
Mettez au réfrigérateur pour 24 h.

Accompagnement gourmand... et esthétique : quelques tomates cerises et des olives noires sur des feuilles d'endives.

Terrine d'épinards de Françoise

- 500 g d'épinards
- 8 œufs
- 200 g de comté
- 25 cl de crème fraîche
- 1 botte de persil
- thym en poudre
- 1 pincée de noix de muscade
- sel, poivre

Jetez les épinards dans de l'eau bouillante salée.
Egouttez au bout de 20 mn, rafraîchissez sous l'eau froide, pressez fortement entre les mains.
Battez au fouet les œufs avec la crème fraîche, ajoutez le fromage râpé, 1 cuil. à café de thym en poudre, la muscade, le persil haché. Salez peu, poivrez généreusement.
Versez sur les épinards et mélangez.
Dans un moule beurré, versez la préparation et faites cuire 40 mn au bain-marie dans un four très chaud à 240° (th. 8).

Flan de ratatouille

- 1 gros reste de ratatouille (500 g)
- 6 œufs
- 1 cuil. à soupe de maïzena
- 20 cl de crème fraîche
- 2 belles tomates
- quelques tomates cerises et olives noires
- tabasco (facultatif)

Délayez la maïzena avec un peu du jus de la ratatouille. Battez au fouet les œufs et la crème. Mélangez la ratatouille (un peu égouttée) avec l'appareil œufs-crème dans lequel vous aurez introduit la maïzena. Vérifiez l'assaisonnement. Relevez, si vous aimez, de quelques gouttes de tabasco.

Beurrez un moule à savarin (ou à cake), décorez le fond de rondelles de tomates, versez-y la préparation.

Faites cuire au bain-marie dans un four doux à 180° (th. 6) 30 mn environ. Démoulez après complet refroidissement.

Variante un peu plus consistante : une couche de lanières de comté ou de beaufort, au milieu de la ratatouille.

Cake aux courgettes

- 2 courgettes
- 75 g de pignons
- 3 œufs
- 2 cuil. à soupe d'huile d'olive
- 200 g de bûche de chèvre ou du cantal

Préchauffez le four à 180° C.

Coupez les courgettes en lamelles fines et faites-les dorer à la poêle dans l'huile d'olive. Salez, poivrez et égouttez dans une passoire. Mélangez la farine les œufs et la levure, puis incorporez petit à petit le lait chaud.

- ou de la fourme d'Ambert
- 180 g de farine
- basilic
- 1 sachet de levure chimique
- sel, poivre
- 10 cl de lait

Ajoutez les courgettes, le chèvre coupée en morceaux, les pignons, du basilic haché et un peu de poivre.

Faites cuire 45 mn dans un moule beurré et fariné. Au dernier moment, démoulez et servez avec une salade verte et des tomates cerises.

Mousse d'asperges

- 1 kg d'asperges jeunes ou 2 bocaux d'asperges de 205 g
- 4 œufs
- 1/2 pot de mayonnaise
- 1 sachet de gelée au madère

Préparez les asperges et faites-les cuire à l'eau bouillante salée jusqu'à ce qu'elles soient bien tendres. Egouttez-les longuement.

Faites cuire les œufs durs (10 mn), rafraîchissez-les aussitôt sous l'eau courante, écalez-les.

Préparez la gelée avec 25 cl de jus d'asperges (au lieu des 50 cl demandés dans le mode d'emploi, les asperges même bien égouttées rendant encore beaucoup de jus), mettez-la au frais.

Mixez les asperges avec les œufs durs, la mayonnaise et la gelée froide mais encore liquide. Vérifiez l'assaisonnement. Versez la préparation dans un moule chemisé de film alimentaire. Mettez au réfrigérateur pour 12 h.

Bavarois de légumes

- 10 jeunes carottes
- 1 betterave rouge cuite
- 8 cœurs de palmier
- 50 cl de jus de tomates
- 6 feuilles de gélatine
- 2 cuil. à soupe de ketchup
- 10 cl de crème fraîche épaisse
- persil
- sel, poivre

Mettez les feuilles de gélatine à ramollir quelques minutes dans un peu de jus de tomate. Faites chauffer le reste du jus de tomate et, hors du feu, mettez-y les feuilles de gélatine en remuant bien pour les dissoudre.

Epluchez les carottes, faites-les cuire, coupées en petits morceaux, 15 mn à l'eau bouillante. Mélangez crème fraîche, ketchup et jus de tomate. Ajoutez à cet appareil les carottes et la betterave coupée en morceaux.

Dans un moule à cake tapissé de film alimentaire, versez un tiers de la préparation, mettez 10 mn au réfrigérateur.

Disposez une couche de cœurs de palmier, un tiers de préparation, mettez encore 10 mn au réfrigérateur.

Terminez le bavarois avec une couche de cœurs de palmier et le reste de la préparation.

Laissez prendre une nuit au réfrigérateur.

Servez bien frais accompagné d'une mayonnaise citronnée ou d'un coulis de tomates relevé d'une goutte de tabasco.

Terrine de châtaignes aux cèpes

- 350 g de châtaignes
- 150 g de cèpes
- 2 oignons
- huile d'olive
- genièvre
- noix muscade
- sel, poivre

Hachez les oignons et commencez à les faire revenir dans un peu d'huile d'olive, puis ajoutez les champignons coupés en gros morceaux, mélangez, ajoutez quelques baies de genièvre écrasées, salez. Couvrez et faites cuire 20 mn à feu très doux.

Fendez les châtaignes, jetez-les 5 mn dans de l'eau bouillante, épluchez-les, puis remettez-les à cuire 20 mn recouvertes d'eau salée.

Passez les châtaignes à la moulinette grille fine ou au mixer, salez, poivrez, relevez d'une pincée de noix muscade. Mélangez purée de châtaignes, oignons et cèpes. Vérifiez l'assaisonnement.

Tapissez un moule, cannelé si possible, de film alimentaire. Emplissez-le de la préparation, tassez un peu avec une cuillère.

Mettez au réfrigérateur pour 12 h.

Terrine courgettes et poivrons

- 500 g de courgettes
- 1 poivron vert
- 1 poivron rouge
- 6 œufs
- 2 gousses d'ail
- 2 oignons
- ciboulette
- cerfeuil
- huile d'olive
- sel, poivre

Lavez et coupez les courgettes dans le sens de la longueur sans les peler. Faites-les cuire 10 mn dans de l'eau bouillante salée. Egouttez-les bien.

Passez les poivrons coupés en deux sous le gril du four. Quand la peau commence à noircir, mettez-les à refroidir à l'étouffée dans un sac plastique. Tièdes, vous les pèlerez facilement et les découperez ensuite en lanières.

Faites-les revenir à la poêle, dans un peu d'huile d'olive, avec les oignons émincés pendant 5 mn. Préchauffez votre four à 180° (th. 6).

Battez au fouet les œufs avec du sel, du poivre et l'ail finement haché.

Beurrez généreusement un moule à cake et disposez-y les courgettes égouttées, les poivrons et les oignons. Versez sur le tout les œufs, tassez et faites cuire au bain-marie 45 mn.

Après refroidissement, mettez au réfrigérateur pour 4 h minimum.

Servez frais, accompagné d'une mayonnaise dans laquelle vous pouvez incorporer de petits cubes de tomate fraîche.

Pain de poireaux

- 1 bon kg de jeunes poireaux très frais
- 1 oignon
- 1 cuil. à soupe d'huile d'olive
- 6 œufs
- 15 cl de crème fraîche épaisse
- 1/2 cuil. à café de noix muscade
- sel, poivre

Nettoyez très soigneusement les poireaux et coupez-les en tronçons de 2 à 3 cm en prenant une partie du vert le plus frais. Mouillez une grande sauteuse d'1 cuil. d'huile d'olive et mettez-y les poireaux 5 mn à feu assez vif en remuant sans cesse, puis couvrez et laissez étuver tout doucement à feu très modéré en surveillant et en continuant de remuer de temps en temps. Eventuellement, ajoutez un peu d'eau. Salez, poivrez, parfumez de noix muscade.

Au bout de 20 mn environ, les poireaux sont cuits. Dans un saladier, ajoutez-leur les œufs entiers que vous aurez battus au fouet avec la crème. Mélangez bien.

Tapissez un moule à cake de papier alu généreusement beurré, versez-y la préparation, tassez bien en tapotant le moule sur le plan de travail. Mettez à cuire au bain-marie dans un four préchauffé à 240° (th. 8) 45 mn environ. Servez aussitôt.

Si vous choisissez de la déguster froide, elle doit séjourner au réfrigérateur au moins 4 h.

A découper si possible au couteau électrique.

Variante : à la place de la crème, mettez du fromage de chèvre frais, le goût sera différent, un peu plus accentué.

Terrine de printemps en trois couleurs

- 500 g de carottes nouvelles
- 750 g d'épinards
- 500 g de petits navets bien frais
- 6 œufs
- 6 cuil. à soupe de crème fraîche épaisse
- beurre
- noix de muscade
- sel, poivre

Epluchez et émincez carottes et navets, faites-les cuire séparément à la vapeur, les carottes 20 mn, les navets 12 mn.
Lavez et équeutez les épinards ; faites-les fondre dans une poêle avec un peu de beurre.
Mixez chaque légume avec 2 jaunes d'œuf, 2 cuil. de crème, de la muscade, sel et poivre.
Battez les blancs d'œuf en neige. Incorporez-en un tiers dans chacune des purées de légumes.
Préchauffez votre four à 180° (th. 6).
Beurrez généreusement un moule à cake ou chemisez-le de papier sulfurisé, remplissez-le d'une couche de purée de navets, une couche de purée d'épinards, une couche de purée de carottes.
Faites cuire au bain-marie 30 mn au four puis couvrez de papier alu pour que le dessus ne se dessèche pas et faites cuire encore 30 mn à 150° (th 5).
Laissez refroidir et mettez au réfrigérateur pour 3 h au moins.

Servez frais avec une vinaigrette parfumée de fines herbes.

Terrine toute verte

- 800 g d'épinards
- 800 g de feuilles de blettes
- 1 gros bouquet d'oseille
- 3 oignons
- 3 gousses d'ail
- 5 œufs
- 20 cl de crème fraîche épaisse
- 100 g de beurre
- persil
- muscade
- cayenne
- sel, poivre

Préparez les épinards : lavez-les soigneusement, équeutez-les, faites-les cuire à l'eau bouillante salée pendant un quart d'heure, rafraîchissez-les sous l'eau froide, pressez-les pour extraire le maximum d'eau, réservez. Faites de même pour les feuilles de blettes.

Préparez l'oseille : équeutez les feuilles et faites-les réduire dans une poêle avec du beurre.

Préparez les oignons : émincez-les et faites-les revenir à la poêle dans du beurre. Quand ils sont blonds, ajoutez les épinards, les feuilles de blettes, la tombée d'oseille, l'ail finement haché, le persil ciselé. Salez, poivrez, parfumez d'une pincée de noix de muscade, relevez d'une pincée de cayenne.

Laissez cuire le tout à feu très doux pendant 5 mn.

Préchauffez votre four à 240° (th. 8).

Battez au fouet les œufs entiers avec la crème fraîche. Hors du feu, ajoutez les légumes, remuez pour avoir un mélange bien homogène.

Dans un moule à cake tapissé de papier sulfurisé, versez votre préparation. Tassez un peu en tapotant le moule sur le plan de travail, mettez le moule dans un bain-marie et enfournez pour 50 mn.

Laissez refroidir et mettez au réfrigérateur pour la nuit.

Terrine de pois gourmands et carottes

- 250 g de pois gourmands
- 500 g de carottes très fraîches
- 3 jaunes d'œuf
- 15 cl de crème fraîche épaisse
- persil
- sel, poivre

pour le coulis :

- 1 gros poivron rouge
- 1 tomate
- 2 cuil. à soupe d'huile d'olive
- tabasco
- sel, poivre

Pelez et râpez les carottes et faites-les cuire à la vapeur pendant 10 mn. Cuisez également à la vapeur les pois gourmands 6 mn.

Réduisez les carottes en purée, ajoutez les jaunes d'œuf, la crème fraîche, les pois gourmands coupés en petits tronçons. Salez, poivrez.

Dans un moule à cake généreusement beurré, versez la préparation. Couvrez d'un papier aluminium et mettez à cuire au bain-marie, dans un four préchauffé à 180° (th. 6), une petite heure.

Laissez refroidir et mettez au réfrigérateur pour 12 h.

Au moment de servir, démoulez en passant une lame sur les côtés du flan et en plongeant quelques secondes le moule dans de l'eau chaude. Décorez le dessus de persil ciselé.

Préparation du coulis : pelez et épépinez le poivron, faites de même pour la tomate et passez le tout au mixer avec huile d'olive, sel et poivre. Relevez de quelques gouttes de tabasco. Mettez au frais.

Turban d'aubergines

- 4 aubergines fraîches
- 3 œufs
- 4 tranches de pain de mie
- 15 cl de crème fraîche épaisse
- 3 gousses d'ail
- 2 pincées de poudre de cumin
- 1 cuil. à soupe d'huile d'olive
- 1 cuil. à soupe de vinaigre de vin
- sel, poivre

Mettez les aubergines sous le gril du four, au bout d'un quart d'heure, retournez-les. En 30 mn elles sont cuites.

Faites tremper le pain de mie dans la crème fraîche. Ecrasez l'ail.

Ouvrez les aubergines et recueillez la chair qui doit se détacher parfaitement et qui est bien molle. Passez-la au mixer et incorporez-y le pain écrasé à la fourchette, la crème, l'ail, les œufs, l'huile d'olive, le vinaigre, la poudre de cumin, du sel et du poivre. Malaxez longuement pour avoir un mélange homogène. Vérifiez l'assaisonnement.

Préchauffez votre four à 170° (th. 5/6).

Huilez un moule à savarin, emplissez-le de la préparation. Tassez. Mettez à cuire au bain-marie pour 1 h environ. Contrôlez la cuisson avec une longue aiguille.

Laissez refroidir et mettez au réfrigérateur pour la nuit.

Servez nappé d'un coulis de tomates.

Variante : pour faire un papeton d'aubergines, battez 6 œufs avec 1 cuil. à café de fécule, sel, poivre, huile et thym et persil. Mélangez le tout avec la purée d'aubergines et versez dans un moule beurré. Faites cuire à 180° au bain-marie pendant 40 mn.

Terrine d'été en trois couleurs

- 500 g de tomates
- 3 gousses d'ail
- 3 échalotes
- 3 cuil. à soupe d'huile d'olive
- 300 g de poireaux
- 1 oignon doux
- 20 g de beurre
- 300 g de navets
- 2 pommes de terre
- 6 œufs
- 6 cuil. à soupe de crème fraîche
- 1 gros bouquet de persil
- noix de muscade
- cayenne
- tabasco (facultatif)
- sel, poivre

Préparation de la purée de tomates : mettez à cuire les tomates dans l'huile d'olive avec ail et échalotes hachées, sel et poivre. Laissez cuire à feu doux 10 mn, puis mixez avec le tiers du persil, réservez.

Préparation de la purée de poireaux : dans un peu de beurre faites dorer l'oignon émincé, puis étuver les poireaux à couvert sur feu très doux, pendant une dizaine de minutes. Mixez ensuite avec un tiers du persil, ajoutez une pincée de muscade.

Préparation de la purée de navets : mettez à cuire les navets et pommes de terre coupés en gros morceaux à l'eau bouillante salée 20 mn. Mixez avec le tiers du persil et une pincée de cayenne. Ajoutez à chacune des purées 2 cuil. de crème fraîche et 2 œufs battus.

Dans un moule à cake bien huilé, versez la purée de tomates et mettez dans un four préchauffé à 130° (th. 4/5) pour 20 mn.

Au bout de ce temps, sortez le moule du four et versez-y la purée de poireaux, enfournez à nouveau pour 20 mn.

Sortez encore le moule du four pour y verser la purée de

navets. Faites cuire encore 20 mn.
Laissez refroidir et mettez la terrine au réfrigérateur pour au moins 4 h.

Servez accompagné d'un coulis de tomates, relevé de quelques gouttes de tabasco si vous aimez.

Flan rose express

- 50 cl de sauce tomate naturelle
- 50 cl de lait
- 8 œufs
- 1 cuil. à café de semoulette d'ail
- sel, poivre

Préchauffez votre four à 160° (th. 5/6).
Battez les œufs au fouet, salez, poivrez généreusement.
Mélangez le lait et la sauce tomate à laquelle vous aurez ajouté la semoulette d'ail et faites-les chauffer. Versez-les bouillants sur les œufs battus.
Emplissez de la préparation un moule à cake bien beurré et mettez à cuire dans un bain-marie pour 1 h environ.
Contrôlez la cuisson : une lame plongée au cœur du flan doit ressortir au bout de quelques secondes chaude et sèche.

Servez chaud, accompagné d'une sauce Mornay.

Terrine d'oignons

- 1 kg d'oignons
- 15 cl de coulis de tomates
- 6 cuil. à café de poudre de gélatine
- 6 œufs
- 50 g de beurre,
- 4 cuil. à soupe d'huile d'olive
- 6 œufs
- cayenne
- sel, poivre

Mettez à gonfler la poudre de gélatine dans le coulis de tomates. Au bout de quelques minutes, faites tiédir le coulis en remuant sans cesse jusqu'à ce que la gélatine soit parfaitement dissoute.

Epluchez et émincez les oignons. Dans une grande sauteuse, faites-les revenir avec beurre et huile d'olive, d'abord à feu vif, puis à feu moyen pendant une demi-heure environ. Ajoutez une bonne pincée de sucre, salez, poivrez. Surveillez la cuisson : les oignons doivent devenir transparents, mais ne pas se colorer vraiment, ajoutez un peu d'eau si nécessaire.

Battez les œufs au fouet, incorporez le coulis de tomates et les oignons que vous aurez grossièrement mixés.

Préchauffez votre four à 240° (th. 8).

Versez la préparation dans un moule à cake tapissé de papier alu beurré ou de papier cuisson, tassez bien et faites cuire au bain-marie pendant 45 mn.

Mettez au réfrigérateur pour 12 h. A couper si possible au couteau électrique.

A déguster froide ou tiède.

Aspic de tomates fraîches

- 12 tomates olivettes
- 4 œufs durs
- 10 gros cornichons aigre-doux
- 1 sachet de gelée
- 2 cuil. à soupe de vinaigre de vin blanc
- 2 cuil. à soupe de cerfeuil haché
- sel, poivre

Pelez les tomates en les mettant quelques secondes dans l'eau bouillante. Coupez-les en 4, enlevez les pépins, aplatissez-les un peu, salez-les légèrement et mettez-les en attente.
Préparez la gelée en diminuant d'un tiers la quantité de liquide demandée, ajoutez-y le vinaigre et le cerfeuil haché.
Mettez un moule à cake quelques minutes au congélateur, le temps que vous écaliez les œufs et les coupiez en rondelles.

Tapissez le moule d'un film alimentaire, versez une bonne couche de gelée au fond. Faites prendre au réfrigérateur 10 mn.
Emplissez ensuite le moule alternativement de couches de tomates un peu égouttées, d'œufs durs et de cornichons en tranches. Faites couler par-dessus le reste de la gelée.
Mettez au réfrigérateur jusqu'au lendemain.

Pain de courgettes au basilic

- 6 courgettes
- 4 gousses d'ail
- 4 œufs
- 80 g de parmesan râpé
- 4 cuil. à soupe d'huile d'olive
- 1 gros bouquet de basilic frais
- sel, poivre

Lavez soigneusement les courgettes sans les éplucher. Coupez-en 5 en petits dés.

Dans une grande sauteuse, faites-les revenir à l'huile d'olive, puis baissez le feu, ajoutez l'ail écrasé et le basilic haché et étuvez à couvert une dizaine de minutes.

Quand les courgettes sont fondantes, réduisez-les en purée.

Battez au fouet les œufs, ajoutez le parmesan, salez, poivrez, incorporez aux courgettes.

Coupez la courgette qui reste en tranches fines que vous ferez légèrement dorer au beurre.

Beurrez généreusement un moule à cake, tapissez-le de tranches de courgette, emplissez-le de la purée de courgettes. Tassez bien. Faites cuire au bain-marie 45 mn environ dans un four préchauffé à 170° (th. 5-6). Vérifiez la cuisson : une lame plongée au cœur de la terrine doit ressortir propre et sèche. Laissez refroidir et mettez au réfrigérateur pour 4 h.

Variante : à la place du basilic, une dizaine de feuilles de sauge.

Terrine aubergines et poivrons

- 6 aubergines moyennes
- 2 poivrons rouges
- 3 œufs
- 2 cuil. à soupe de crème fraîche épaisse
- 2 cuil. à café de maïzena
- 1 gousse d'ail
- 1 bouquet de ciboulette ou de persil
- huile d'olive
- sel, poivre

Commencez par laver soigneusement aubergines et poivrons, séchez-les. Coupez quelques tranches d'aubergine avec la peau pour tapisser les parois d'un moule à cake, faites-les revenir à la poêle dans un peu d'huile d'olive.

Faites cuire le reste des aubergines à la vapeur 10 mn environ, passez-les au moulin à légumes. Lavez les poivrons rouges, coupez-les en dés. Mélangez.

Battez au fouet les œufs entiers avec la maïzena et la crème fraîche. Ajoutez cet appareil au mélange aubergines-poivrons, incorporez une gousse d'ail très finement hachée, la ciboulette ciselée, salez, poivrez. Goûtez et rectifiez l'assaisonnement éventuellement.

Beurrez un moule à cake, tapissez-le avec les tranches d'aubergines, puis emplissez-le de la préparation. Tassez un peu.

Dans un four préchauffé à 180° (th. 6), mettez à cuire au bain-marie 1 h.

Laissez refroidir et gardez au réfrigérateur pour 4 h au moins.

Découpez si possible avec un couteau électrique.

Servez bien frais accompagné d'un coulis de tomates un peu épicé.

Pain de carottes à l'orange

- 800 g de carottes
- 1 oignon
- 2 oranges bio
- 4 œufs
- 125 g d'amandes effilées écrasées
- 1 cuil. à café de thym séché
- 1 branche de persil
- 1 cuil. à café de semoulette d'ail
- 1 pincée de noix de muscade
- sel, poivre

Prélevez le zeste des oranges. Faites cuire à la vapeur les carottes coupées en tronçons et l'oignon coupé en 4 pendant 20 mn. Mixez-les, ajoutez thym, persil, ail, muscade, sel et poivre, le zeste et les amandes. Malaxez longuement pour obtenir un mélange homogène. Préchauffez votre four à 170° (th. 5/6). Cassez les œufs, battez les blancs en neige. Ajoutez les jaunes à la purée de carottes, et incorporez délicatement les blancs. Versez dans un moule beurré. Tassez un peu, couvrez d'un papier alu pour empêcher le dessus de se dessécher et mettez à cuire au bain-marie 45 mn. Laissez refroidir et mettez au réfrigérateur pour 12 h. Servez avec une vinaigrette faite du jus d'une orange, d'huile et d'un oignon doux haché.

Cake à la tapenade

- 5 œufs
- 100 g de pignons
- 100 g de tomates séchées
- 50 g de tapenade
- 100 g de farine
- 80 g de beurre

Préchauffez le four à 180° (th. 6). Faites dorer les pignons à feu doux dans une poêle.

Battez les œufs en omelette dans un saladier puis incorporez la farine. Mélangez bien. Ajoutez la levure et le beurre fondu. Fouettez à nouveau pour obtenir une pâte

- 1 sachet de levure chimique
- 1 branche de thym
- 1 cuil. à soupe d'huile d'olive

bien lisse. Rajoutez les pignons, la tapenade, les tomates séchées et coupées et le thym. Salez et poivrez.
Versez dans un moule à cake huilé. Enfournez environ 40 mn. Servez avec un coulis de tomates.

Pain de lentilles

- 250 g de lentilles vertes du Puy
- 1 oignon
- 2 gousses d'ail
- 1 branche de céleri
- 1 grosse poignée de cerneaux de noix
- 3 œufs
- 3 cuil. à soupe de farine
- huile
- sel, poivre

Dans une grande casserole, faites revenir l'oignon haché dans un peu d'huile. Ajoutez ensuite l'ail écrasé, puis le céleri coupé en petits tronçons, enfin les lentilles, le sel et le poivre. Mouillez de 3 verres d'eau. A ébullition, couvrez et laissez mijoter à feu doux 30 mn. Surveillez la cuisson en remuant de temps en temps. Ecrasez les cerneaux de noix. Battez au fouet les œufs avec la farine, ajoutez les noix. Versez ce mélange dans la casserole des lentilles, laissez frémir le tout 5 mn. Vérifiez l'assaisonnement et versez dans un moule à cake huilé et fariné. Tassez un peu. Enfournez à four moyen (th. 5-6) pour une petite heure.

Pour rester dans la région, ce pain de lentilles peut être accompagné d'une sauce verte (crème fraîche, jaune d'œuf, persil) relevée à la verveine du Velay.

Terrine de fonds d'artichaut

- 12 fonds d'artichaut
- 1 citron
- 1 gros oignon
- 100 g de comté
- 4 œufs
- 15 cl de crème fraîche épaisse
- 1 cuil. à soupe de pignons de pin
- 6 brins de persil
- huile d'olive
- cayenne
- sel, poivre

Mettez à cuire les fonds d'artichaut à l'eau bouillante salée avec le jus du citron 20 mn environ, les artichauts doivent rester encore un peu croquants.

Dans une poêle, faites revenir à l'huile d'olive l'oignon émincé, puis les artichauts que vous aurez coupés en gros dés, prolongez la cuisson à feu doux quelques minutes. Ajoutez le fromage. Mixez le tout. Préchauffez votre four à 240° (th. 8).

Dans une poêle, à sec, faites dorer légèrement les pignons de pin. Battez au fouet les œufs avec la crème, salez, poivrez. Incorporez la purée d'artichaut, les pignons de pin, relevez d'une pincée de cayenne.

Tapissez un moule rectangulaire avec du papier sulfurisé, versez-y la préparation et enfournez dans un bain-marie. Surveillez la cuisson : couvrez d'un papier alu si vous craignez que le dessus ne se dessèche. Au bout de 45 mn, plongez une lame fine au cœur de la terrine, si elle ressort chaude après quelques secondes, votre pâté est cuit. Laissez refroidir et mettez au réfrigérateur pour 4 h au moins.

Terrine d'endives

- 1,5 kg d'endives
- 4 œufs
- 15 cl de crème fraîche épaisse
- 1 citron
- 4 cuil. à café de poudre de gélatine
- 1 grosse noix de beurre
- 5 cuil. à soupe d'huile d'olive
- sel, poivre

Mettez quelques minutes la poudre de gélatine à gonfler dans la moitié du jus du citron. Faites ensuite chauffer doucement ce jus, en remuant sans cesse, jusqu'à ce que la gélatine soit parfaitement dissoute.

Préparez les endives, coupez-les en tronçons, faites-les revenir avec beurre et huile d'olive dans une grande sauteuse, salez, poivrez, couvrez et laissez cuire à feu très doux pendant 45 mn. Surveillez la cuisson, ajoutez le jus de citron restant, 1 ou 2 morceaux de sucre et un peu d'eau si le besoin s'en fait sentir. Mixez. Préchauffez votre four à 240° (th. 8).

Battez au fouet les œufs entiers avec la crème. Mélangez avec le jus de citron à la gélatine et la purée d'endives.

Tapissez un moule rectangulaire avec du papier sulfurisé.

Remplissez avec la préparation. Tassez un peu.

Enfournez au bain-marie 45 mn environ.

Mettez au réfrigérateur au moins 4 h.

Découpez au couteau électrique si possible.

A servir pour un dîner léger, avec une bonne salade verte.

Pâté végétal

- 150 g de farine de pois chiches
- 3 carottes
- 1 échalote
- 1 gousse d'ail
- 3 cuil. à café de pâte de curry
- huile d'olive
- quelques graines de courge.

Faites préchauffer le four à 200°. Dans une casserole, mélangez la farine et 50 cl d'eau. Placez sur le feu et remuez jusqu'à obtention d'une pâte épaisse (comme une béchamel).
Epluchez les carottes et râpez-les. Versez l'huile d'olive dans une poêle et faites revenir les carottes, l'échalote émincée, l'ail et le curry pendant 3 mn. Incorporez les légumes dans la pâte de farine de pois chiches. Mélangez bien. Versez la préparation dans un moule à cake huilé et parsemez de graines de courge. Enfournez pendant 35 mn. Dégustez ce pâté froid.

Cake au roquefort

- 3 poires
- 120 g de roquefort
- 100 g de gruyère râpé
- 100 g de cerneaux de noix
- 180 g de farine
- 1 sachet de levure
- 3 œufs
- 10 cl d'huile
- 10 cl de lait
- beurre
- sel, poivre

Préchauffez le four à 180° (th. 6). Mélangez la farine et la levure. Fouettez les œufs, l'huile et le lait, salez et poivrez. Versez cette préparation sur la farine, ajoutez le fromage râpé et mélangez. Coupez en morceaux le roquefort et les poires, et incorporez-les, avec les noix, à la préparation.
Beurrez et farinez un moule à cake, versez-y la préparation et faites cuire environ 50 mn. A mi-cuisson, recouvrez le cake d'un papier aluminium. Servez avec une salade verte.

Mes salades maison

Salade de pommes et d'oignons rouges

- 3 oignons rouges
- 3 pommes acidulées
- 3 avocats
- 1/2 bouquet de coriandre
- 3 cuil. à soupe de graines de pavot
- 1 citron
- 1 cuil. à soupe de moutarde
- 3 cuil. à soupe d'huile d'olive
- sel et poivre

Détaillez les avocats en cubes, émincez les oignons, pelez et coupez les pommes en dés, hachez la coriandre et mélangez le tout dans un saladier.
Nappez de vinaigrette au citron et de graines de pavot.

Variante : on peut aussi parfumer cette salade avec des graines de sésame, de courge, ou des pignons de pin.

Mimosa de betteraves et épinards

- 2 betteraves crues
- 300 g de pousses d'épinards
- 4 œufs
- 1/2 bouquet de persil
- 1 gousse d'ail

Pelez et râpez les betteraves. Lavez et séchez soigneusement les pousses d'épinards.
Faites bouillir les œufs 10 mn puis passez-les sous l'eau froide avant de les écaler.
Ecrasez la gousse d'ail dans un saladier, versez le vinaigre, le sel, le poivre et l'huile et émulsionnez le tout.

- 1 cuil. à soupe de moutarde à l'ancienne
- 1 cuil. à soupe de vinaigre de cidre
- 3 cuil. à soupe d'huile de tournesol
- sel et poivre

Ajoutez les betteraves râpées, mélangez avant d'incorporer les épinards.

Coupez les œufs en quartiers, émiettez les jaunes et les blancs à la fourchette et saupoudrez-les sur la salade avec le persil ciselé.

Nappez de vinaigrette bien moutardée.

Salade de blé

- 500 g de blé
- 8 petites carottes
- 150 g d'oignons blancs
- 3 jeunes courgettes
- 1 concombre
- 12 olives noires
- 2 citrons
- 1 bouquet de persil
- huile d'olive
- sel, poivre

La veille, faites tremper le blé dans de l'eau froide. Le jour même, faites cuire le blé dans de l'eau salée pendant 30 mn. Egouttez.

Hachez les oignons, râpez les carottes et découpez en fines rondelles les courgettes et le concombre lavés mais non épluchés.

Ajoutez les légumes au blé encore tiède et arrosez d'huile et de jus de citron.

Salez, poivrez et parsemez de persil haché et d'olives.

Salade de carottes aux oranges et raisins

- 750 g de carottes
- 3 oranges
- 1 grappe de raisin
- 3 cuil. à soupe d'huile d'arachide
- 1,5 cuil. à soupe d'huile de noisettes
- sel, poivre

Pelez et râpez les carottes. Lavez et égrenez le raisin. Pelez à vif deux des oranges et divisez-les en quartiers en retirant les peaux blanches. Pressez l'orange restante.
Placez dans un saladier les carottes, les quartiers d'orange et les grains de raisin. Dans un bol, mettez un peu de sel, le jus d'orange, les huiles et émulsionnez. Versez cette sauce sur les carottes, poivrez et remuez délicatement.

Salade de céleri en branche

- 500 g de céleri en branches
- 500 g de pommes golden
- 1 demi-laitue iceberg
- 50 g de cerneaux de noix

Défaites, lavez et séchez les branches de céleri. Coupez-les en deux dans le sens de la longueur. Retirez les fils puis émincez le céleri.
Sans les peler, coupez les pommes en quartiers, enlevez les pépins et détaillez chaque quartier en dés. Arrosez aussitôt de jus de citron.

- 3 cuil. à soupe de jus de citron
- 2 dl de mayonnaise
- 2 cuil. à soupe de crème fraîche
- sel, poivre

Lavez et essorez à fond la laitue avant de la découper en lanières. Hachez grossièrement les noix.

Préparez la sauce en mélangeant la crème fraîche et la mayonnaise. Salez et poivrez.

Dressez dans un saladier les différents ingrédients et versez la sauce par-dessus.

Duo de céleris

- 1 demi-céleri boule
- 1 céleri en branches
- 3 pamplemousses roses
- 1 citron
- 2 yaourts bulgares
- 2 cuil. à soupe de moutarde forte
- 2 cuil. à soupe d'huile d'olive
- 1 petit bouquet de ciboulette
- sel et poivre

Pelez le céleri boule et râpez-le à la grille fine. Citronnez-le rapidement pour qu'il ne noircisse pas. Otez les fils des branches les plus blanches du cœur de céleri et coupez-les en petits morceaux. Pelez les pamplemousses à vif, coupez-les en quartiers, enlevez les membranes, et récupérez le jus pour la sauce.

Dans un saladier, fouettez la moutarde, le jus d'un demi-citron, celui des pamplemousses, le sel, le poivre et l'huile d'olive. Incorporez les deux céleris, mélangez et laissez macérer au frais au moins 15 mn.

Incorporez les quartiers de pamplemousse au moment de servir et parsemez de ciboulette hachée.

Salade Chantal

- 3 pommes granny
- 3 crottins de chavignol
- 300 g de mâche
- 2 cuil. à soupe de vinaigre balsamique
- 3 cuil. à soupe d'huile d'olive
- sel et poivre

Coupez les pommes en deux sans les peler et ôtez le trognon. Coupez les crottins en deux dans l'épaisseur et posez-les sur les moitiés de pommes, dans un plat creux allant au four. Placez le plat sous le grill pendant 15 mn (ou à four chaud) : le fromage doit commencer à fondre.

Assaisonnez la mâche et dressez les assiettes en déposant sur la salade la pomme cuite au chèvre chaud.

Servez immédiatement.

Salade de cocos au pesto

- 1 kg de haricots cocos frais à écosser (Paimpol)
- 1 carotte
- 1 oignon clouté de girofle
- 1 bouquet garni
- 3 tomates bien mûres
- 3 gousses d'ail
- 60 g de pignons de pin
- 4 cuil. à soupe d'huile d'olive
- 1 gros oignon rouge

Ecossez les haricots et faites-les cuire dans une grande casserole d'eau froide avec la carotte en rondelles, le bouquet garni et l'oignon clouté.

Laissez frémir 20 mn à couvert et salez en fin de cuisson. Faites-les égoutter.

Coupez les tomates en petits morceaux, émincez l'oignon et mettez le tout dans un saladier avec les haricots.

Mixez les feuilles de basilic, les gousses d'ail, les pignons et l'huile d'olive, salez et poivrez. Gardez quelques pignons

- 1 bouquet de basilic
- sel et poivre

pour décorer. Incorporez le pesto à la salade et mélangez longuement.

Servez tiède ou froid.

Crudités de choux à la sauce amande

- 1 quart de chou blanc
- 1 quart de chou-fleur
- 1 demi-brocoli
- 2 carottes
- 100 g de petits pois frais
- 8 gousses d'ail nouveau
- 60 g de poudre d'amandes
- 3 biscottes aux 6 céréales (ou 3 krisprolls)
- le jus d'un citron,
- 10 cl d'huile d'olive
- sel et poivre

Emincez le chou blanc, découpez le chou-fleur et le brocoli en petits bouquets, pelez les carottes et détaillez-les en bâtonnets.

Plongez les sommités de chou-fleur et de brocolis dans l'eau bouillante pendant quelques minutes puis passez-les sous l'eau froide.

Pelez les gousses d'ail et mettez-les dans le bol d'un robot avec les biscottes émiettées, la poudre d'amandes, le jus de citron, le sel et le poivre.

Mixez finement puis ajoutez l'huile en filet jusqu'à une consistance crémeuse.

Disposez les crudités dans un joli bol, sur une feuille de romaine (ou sur une feuille de chou), et nappez de sauce amande.

Salade de chou vert à la polonaise

- 1 demi-chou vert le plus frais possible
- 2 gros oignons
- 2 pommes acidulées
- 3 cornichons à la russe (malossols)
- 2 carottes,
- 1 demi-bouquet de cerfeuil (ou persil plat à défaut)
- 1 citron
- 1 cuil. à soupe de moutarde
- 3 cuil. à soupe d'huile de tournesol
- sel et poivre

Coupez le chou en petites lanières et blanchissez-le à l'eau bouillante salée pendant 2 ou 3 mn. Egouttez-le longuement avant de le placer dans un grand saladier. Ajoutez les oignons émincés très finement. Râpez successivement les carottes, les cornichons et les pommes à l'aide d'une râpe à gros trous. Citronnez les pommes avant de les incorporer au saladier avec les autres ingrédients. Salez et poivrez, ajoutez l'huile, la moutarde et le cerfeuil haché et mélangez.

Cette salade, sorte de coleslow polonais, peut se préparer quelques jours à l'avance.

Salade automnale

- 1 gros chou blanc
- 2 oignons
- 2 pommes golden
- 1 grosse poignée de raisins secs blonds

Coupez le chou en lanières et mettez-les dans un saladier. Pelez les pommes, coupez-les en quartiers et faites-les revenir dans le beurre additionné d'une cuillère à soupe d'huile. Retournez-les pour les dorer puis sortez-les rapidement du feu : ils

- 12 cerneaux de noix
- 2 citrons
- 1 demi cuil. à café de moutarde
- 3 cuil. à soupe d'huile de noix
- 1 cuil. à soupe de curry
- sel, poivre

doivent être saisis mais rester fermes. Ajoutez les pommes refroidies dans le saladier. Dans la même poêle, faites revenir quelques minutes les marrons grossièrement hachés, incorporez-les à la salade puis déglacez la poêle avec le vinaigre de framboise. Avec ce jus, confectionnez une vinaigrette avec l'huile restante, la moutarde, le sel et le poivre.
Versez, mélangez et servez tiède.

Salade courgettes-carottes à la féta

- 3 petites courgettes
- 3 carottes
- 1 laitue
- 200 g de féta
- 3 cuil. à soupe d'huile d'arachide
- 1 cuil. à soupe de vinaigre de vin
- 1 cuil. à café de cumin en grains
- sel, poivre

Coupez en rondelles fines les carottes épluchées, faites-les cuire 5 mn à l'eau bouillante salée et mettez-les à égoutter dans une passoire.
Lavez les courgettes, coupez-les en quatre dans le sens de la longueur et émincez-les.
Lavez et essorez la salade. Détaillez la féta en cubes.
Mélangez tous ces ingrédients dans un grand saladier.
Au moment de servir, émulsionnez à la fourchette la vinaigrette au cumin et répandez-la sur la salade.

Salade de courgettes aux œufs mollets

- 1 petit kg de courgettes
- 6 œufs
- 3 tomates bien mûres ou un reste de salade de tomates,
- 1 demi-bouquet de persil plat
- 1 gousse d'ail
- 1 cuil. à soupe de moutarde
- 1 cuil. à soupe de vinaigre balsamique
- 3 cuil. à soupe d'huile d'olive
- sel et poivre

Epluchez les courgettes en laissant une bande de peau sur deux. Coupez-les en tranches pas trop fines et faites-les blanchir 5 mn à l'eau bouillante salée. Egouttez-les longuement.

Faites cuire les œufs 6 à 7 mn puis passez-les sous l'eau froide avant de les écaler. Ebouillantez les tomates 10 secondes, pelez-les et détaillez-les en tout petits dés.

Dans un saladier, écrasez la gousse d'ail, incorporez le vinaigre balsamique, le sel, le poivre et l'huile d'olive, puis émulsionnez le tout longuement. Ajoutez la concassée de tomates, le persil haché et les courgettes en rondelles. Mélangez bien avant de servir avec un œuf mollet encore tiède.

Taboulé libanais

- 6 bouquets de persil à petites feuilles
- 2 bouquets de menthe verte
- 400 g de tomates assez mûres
- 2 à 3 citrons

Mouillez le blé dans un peu d'eau pendant 30 mn. Essorez-le avec les mains pour le débarrasser de son eau.

Effeuillez les branches de persil et de menthe. Mettez-les dans une passoire et lavez-les soigneusement à l'eau courante. Essorez-les et hachez finement sur une planche.

- 2 gros oignons blancs
- 100 g d'huile d'olive
- 150 g de blé concassé moulu assez gros,
- sel, poivre noir

Hachez très finement les oignons et les frotter avec le poivre et le sel. Couper les tomates en petits cubes.
Sur un saladier, placez le persil et la menthe hachés, le blé concassé, l'oignon haché, les tomates et mélangez le tout avec les mains. Versez le jus de citron, l'huile d'olive et mélangez encore. Goûtez pour vérifier l'assaisonnement.
Laissez reposer au frais 2 h minimum.

Salade de cresson aux champignons

- 2 bottes de cresson
- 400 g de champignons de Paris
- 1 bel oignon rouge
- 6 petits fromages de chèvre frais
- 1 beau citron
- 18 olives noires
- 3 cuil. à soupe de tapenade
- 6 cuil. à soupe d'huile d'olive
- poivre

Nettoyez soigneusement le cresson et essorez-le. Nettoyez les champignons, coupez-les en lamelles et arrosez-les aussitôt de jus de citron. Pelez l'oignon et émincez-le en fines lamelles.
Préparez une sauce en mélangeant la tapenade avec l'huile, le reste de jus de citron et le poivre.
Disposez dans un plat creux ou des assiettes individuelles les bouquets de cresson, les champignons et les lamelles d'oignon.
Ajoutez les fromages de chèvre frais et éparpillez les olives.
Arrosez avec la sauce à la tapenade et servez avec des tranches de pain de campagne légèrement grillées.

Mimosa de Marina

- 12 petites courgettes
- 6 œufs durs
- 1 citron
- 3 cuil. à soupe d'huile d'olive
- 1/2-bouquet de coriandre (ou persil)
- 1 cuil. à café de cumin moulu
- sel et poivre

Fendez les courgettes en deux dans la longueur et faites-les pocher entières 10 mn à l'eau bouillante salée. Egouttez. Passez les œufs durs à la moulinette.
Disposez quatre moitiés de courgettes par assiette, recouvrez-les d'œufs mimosa, de coriandre hachée, de cumin moulu, puis nappez-les de vinaigrette au citron. Servez tiède ou froid.

Taboulé de chou-fleur

- 1 chou-fleur
- 1 poivron rouge
- 2 tomates
- 1 gros oignon
- 1 concombre
- 1 bouquet de persil
- 1 citron
- 2 cuil. à soupe d'huile d'olive
- 1 cuil. à soupe de moutarde
- sel et poivre

Détaillez le chou-fleur en bouquets et râpez-le au robot à la grille fine. Plongez les tomates dans l'eau bouillante, ôtez leur peau et coupez leur chair en petits dés. Pelez l'oignon, hachez-le menu ainsi que le persil. Pelez le concombre, épépinez-le et coupez-le en petits morceaux.
Détaillez le poivron en très fines lamelles. Mélangez tous les ingrédients et assaisonnez de vinaigrette au citron. Servez très frais, éventuellement avec du pain pita.

Salade de cresson

- 300 g de cresson
- 2 endives
- 3 poires
- 50 g de noix
- 1 citron
- 1 cuil. à café de gingembre en poudre
- 1 cuil. à soupe de moutarde
- 1 cuil. à soupe de vinaigre de cidre
- 3 cuil. à soupe d'huile de noix
- sel

Choisissez des poires pas très mûres, pelez et coupez-les en quartiers, puis citronnez-les.
Préparez une vinaigrette avec le gingembre, le sel, la moutarde, le vinaigre et l'huile de noix.
Mettez les poires, le cresson et les endives dans un saladier, ajoutez les cerneaux de noix.
Nappez de vinaigrette. Servez frais.

Salade de lentilles

- 250 g de lentilles vertes
- 1 cube de bouillon de légumes
- 6 œufs
- 2 échalotes
- 1/2 bouquet de coriandre
- 1 cuil. à soupe de vinaigre de vin
- 1 cuil. à soupe de moutarde
- 3 cuil. à soupe d'huile d'olive
- sel et poivre

Faites cuire les œufs 7 à 8 mn puis passez-les sous l'eau froide pour stopper la cuisson.
Mettez les lentilles dans une casserole, couvrez d'eau froide et faites cuire à petits frémissements. Au bout de 10 mn, ajoutez le cube de bouillon émietté, remuez et laissez frémir encore 15 mn. Egouttez les lentilles et versez-les dans un saladier.
Emincez les échalotes et hachez la coriandre. Ajoutez-les à la salade avec les œufs entiers écalés, tièdes ou froids.
Nappez de vinaigrette et servez.

Carpaccio de fenouil

- 2 bulbes de fenouil
- 2 pommes
- 1 morceau de parmesan (200 g)
- 1 citron
- 1 trait d'huile d'olive
- 1 bouquet de basilic
- sel et poivre

Coupez les bulbes de fenouil en tranches extra-fines à l'aide d'une mandoline ou d'un couteau bien effilé. Pelez les pommes, ôtez les coeurs avec un vide-pomme et coupez-les en tranches fines. Disposez les rondelles de pomme et de fenouil alternativement dans une grande assiette et arrosez-les de jus de citron. Avec un économe, faites des copeaux de parmesan et disposez-les sur l'assiette.

Salez et poivrez puis arrosez d'un trait d'huile d'olive. Parsemez de feuilles de basilic ciselé.

Salade fenouil-orange

- 4 bulbes de fenouil
- 3 ou 4 oranges
- 1 citron
- 3 cuil. à soupe d'huile d'olive
- sel et poivre

Faites bouillir les fenouils 5 mn à l'eau salée, laissez-les s'égoutter et refroidir puis coupez-les en lamelles. Pelez les oranges à vif et détaillez-les en rondelles fines en ayant soin de récupérer le jus. Placez les fenouils et les oranges dans un saladier et nappez de vinaigrette au citron et à l'orange. Servez bien glacé.

Salade de fèves

- 1 kg de fèves fraîches à écosser
- 2 gousses d'ail
- 3 brins de menthe fraîche
- 1 cuil. à soupe de vinaigre de cidre
- 3 cuil. à soupe d'huile d'olive
- sel et poivre

Ecossez les fèves et faites-les cuire quelques minutes à l'eau bouillante salée avec deux brins de menthe et les gousses d'ail coupées en morceaux. Il faut qu'elles soient encore un peu croquantes. Passez-les sous l'eau froide pour stopper la cuisson, égouttez-les et mettez-les dans un saladier avec les feuilles hachées du brin de menthe restant. Arrosez de vinaigrette et servez bien glacé.

Variante marocaine : parfumez de cumin en poudre, de coriandre hachée ou de poudre de gingembre et de dès de citron confit.

Salade de quinoa

- 500 g de quinoa
- 2 betteraves crues
- 1 citron vert
- 1 cuil. à soupe de sauce soja
- 2 cuil. à soupe d'huile de sésame (ou d'huile d'olive à défaut)
- 1 morceau de gingembre

Rincez le quinoa sous l'eau froide puis recouvrez-le d'eau froide. Faites-le cuire 15 à 20 mn à feu doux et à couvert. Passez-le à nouveau sous l'eau froide pour stopper la cuisson et mettez-le dans un saladier.

Râpez les betteraves et incorporez-les au quinoa. Préparez la vinaigrette en fouettant la sauce soja, le jus de citron vert, l'huile de sésame et le gingembre râpé. Versez la sauce, mélangez, c'est prêt !

Salade aux poireaux

- 2 blancs de poireaux
- 1 boîte d'ananas en morceaux
- 1 boîte de maïs de 300 g
- 8 œufs durs
- 3 pommes granny
- 1 pot de mayonnaise
- 300 g de mimolette

Egouttez l'ananas et mettez les morceaux au fond d'un saladier transparent Egouttez le maïs et versez-le sur l'ananas, salez bien. Pelez les pommes, coupez-les en rondelles, puis en morceaux et placez-les sur le maïs. Salez encore. Hachez les œufs, ajoutez-les et mettez une couche de mayonnaise.

Coupez les blancs de poireaux en rondelles très fines, posez-les sur la mayonnaise, salez encore et mettez la mimolette râpée par dessus. Laissez 24 h au frais.

Salade de pâtes à la féta

- 500 g de farfalle
- 1 petite barquette de tomates séchées
- 200 g de féta
- 1 sachet d'olives à la grecque
- 1 branche de thym
- 1 cuil. à soupe de vinaigre balsamique
- 3 cuil. à soupe d'huile d'olive
- sel et poivre

Faites cuire les pâtes « al dente » (il faut qu'elles restent bien fermes), puis égouttez-les avant de les arroser d'1 cuil. à soupe d'huile d'olive (pour qu'elles ne collent pas).

Pendant ce temps, coupez la féta et les tomates séchées en petits morceaux.

Emulsionnez l'huile, le vinaigre, le sel et le poivre, en ajoutant le thym émietté, puis incorporez les pâtes, les tomates,la féta et les olives.

Mélangez bien et placez au frais.

Salade de mâche, façon tante Cécile

- 200 g de mâche
- 3 endives
- 3 pommes acides
- 2 œufs durs
- 150 g de comté
- 1 yaourt
- 2 citrons
- 1 petite branche de céleri
- 1 cuil. à café de moutarde Savora
- sel, poivre

Nettoyez et lavez soigneusement la mâche et les endives.
Effeuillez les endives en coupant en 2 ou 3 les plus grandes feuilles.
Coupez en fines tranches les pommes pelées et épépinées, et arrosez-les aussitôt de jus de citron.
Préparez une sauce en mélangeant le yaourt, la moutarde et le reste de jus de citron. Salez et poivrez.
Hachez fin la branche de céleri et ajoutez-la à la sauce.
Mélangez délicatement les salades et les pommes et placez-les dans un grand saladier.
Ajoutez par dessus le comté coupé en dés et des rondelles d'œuf dur.
Au moment de servir, arrosez avec la sauce.

Variante : on peut remplacer la mâche par des lamelles de champignons de Paris.

Salade grecque à la pastèque

- 1 demi-pastèque
- 1 concombre
- 2 poivrons rouges
- 2 oignons rouges
- 300 g de féta
- 1 sachet d'olives à la grecque
- 1 cuil. à soupe de vinaigre de vin
- 2 cuil. à soupe d'huile d'olive
- quelques feuilles de menthe

Coupez la pastèque en gros dés, pelez et coupez le concombre en petits cubes après avoir ôté les pépins.
Emincez les oignons et détaillez les poivrons en petits morceaux. Ajoutez les olives et la féta émiettée.
Versez la vinaigrette au dernier moment pour ne pas "cuire" la pastèque. Servez très frais avec quelques feuilles de menthe ciselées.

Salade d'endives au curry

- 6 endives
- 4 pommes acidulées
- 1 poignée de raisins secs golden mis à gonfler dans de l'eau chaude
- 1 poignée de cerneaux de noix

Otez 3 cm du trognon des endives et détachez les feuilles.
Pelez les pommes, enlevez les pépins à l'aide d'un vide-pomme, coupez-les en fines tranches puis citronnez-les rapidement.
Dans un bol, mélangez la crème, la poudre de curry et le jus d'un demi-citron.

- 2 cuil. à café de poudre de curry
- 1 demi-citron
- 1 cuil. à soupe de crème fraîche
- sel

Disposez dans chaque assiette les endives et les pommes en rosace, parsemez de cerneaux de noix grossièrement hachées et de raisins avant de napper de crème au curry.

Variante : des poires un peu vertes à la place des pommes, quelques pignons au lieu des raisins, et bien sûr, des lichettes de fromage (chèvre sec, bleu, cheddar et pâtes dures en tous genres).

Salade de légumes grillés à la tapenade

- 300 g de roquette
- 2 aubergines
- 3 courgettes
- 2 poivrons
- 2 oignons
- 2 gousses d'ail
- 5 cuil. à soupe d'huile d'olive
- 1 cuil. à soupe de vinaigre balsamique
- 1 cuil. à soupe de tapenade
- sel et poivre

Lavez les légumes soigneusement et coupez-les dans la longueur en lamelles pas trop fines.
Faites-les revenir 10 mn à feu moyen dans de l'huile d'olive en les retournant souvent.
Lorsque tous les légumes sont grillés, laissez-les refroidir et préparez la roquette en la tournant avec une vinaigrette balsamique additionnée de tapenade.
Posez les légumes encore tièdes sur cette salade. Salez et poivrez.

Salade rose

- 750 g d'endives
- 3 petites betteraves cuites ou 1 betterave crue râpée
- 750 g de pommes de terre à chair ferme
- 4 œufs durs
- 1 vinaigrette bien relevée

Faites cuire les pommes de terre 20 mn à l'eau salée. Quand elles sont égouttées, pelez-les et coupez-les en rondelles. Placez-les dans un saladier transparent et arrosez-les de vinaigrette. Pelez les betteraves, coupez-les en dés et répartissez-les au-dessus des pommes de terre. Arrosez-les de vinaigrette. Mélangez. Ecalez les œufs durs, coupez-les en rondelles et disposez-les sur les betteraves.

Lavez et essuyez les endives puis coupez-les en tronçons. Au moment de servir, assaisonnez-les de vinaigrette et ajoutez-les dans le saladier au-dessus des œufs durs. Mélangez avant de servir.

Salade de graines germées aux pommes

- 4 pommes vertes
- 1 sachet de noix
- 1 bûche de chèvre
- 100 g de graines germées de poireaux
- 100 g de graines germées de betteraves

Découpez les pommes en petits dés puis faites-les mariner dans le jus des citrons verts, l'huile d'olive, les herbes de Provence, du sel et du poivre.

Dans une poêle, saisissez au beurre les dés de pain complet jusqu'à ce qu'ils soient dorés ; réservez-les.

- 100 g de croûtons de pain complet
- 2 citrons verts
- 5 cuil. à soupe d'huile d'olive
- 1 cuil. de vinaigre de framboise
- herbes de Provence
- sel, poivre

Dans un grand saladier, disposez les graines germées préalablement rincées, les dés de pomme ; arrosez de marinade. Ajoutez le chèvre coupé en rondelles, les noix, et les croûtons de pain. Avant de servir, versez un filet d'huile d'olive et quelques gouttes de vinaigre de framboise.

Salade de pousses de soja à la menthe

- 500 g de pousses de soja fraîches
- 450 g de carottes râpées
- 2 oignons doux (moyens ou 1 gros)
- 150 g de cacahuètes non salées
- 15 cuil. à soupe de sauce pour nems
- 5 cuil. à soupe de sauce soja
- quelques feuilles de menthe

Mélangez les deux sauces en mettant plus ou moins de sauce soja selon le goût.

Dans un grand saladier, mélangez les pousses de soja, les carottes râpées et les oignons finement émincés.

Arrosez le tout de sauce, et mélangez soigneusement. Placez au réfrigérateur pendant au moins 1 h en mélangeant souvent.

Au moment de servir, ajoutez les cacahuètes concassées et les feuilles de menthe fraîches.

Salade de pamplemousses et de pousses d'épinards

- 3 pamplemousses roses
- 300 g de pousses d'épinards
- 1 cuil. à soupe de curry en poudre
- 1 demi-citron
- 3 cuil. à soupe d'huile d'olive
- sel

Coupez les pamplemousses à vif en réservant le jus. Lavez et séchez les épinards. Dans un saladier, émulsionnez le curry avec le jus de pamplemousse, le jus de citron, le sel et l'huile d'olive. Incorporez les fruits, puis les pousses et mélangez délicatement.

Et pourquoi ne pas remplacer les épinards par de la mâche, et les pamplemousses par des pommes acidulées ?

Salade de pleurotes aux haricots verts

- 500 g de haricots verts extra-fins
- 300 g de pleurotes
- 3 cuil. à soupe d'huile d'olive
- 1 demi-bouquet de persil

Lavez et séchez soigneusement les pleurotes. Faites-les revenir à l'huile d'olive avec le persil ciselé, sel et poivre. Faites cuire les haricots équeutés 15 mn à l'eau bouillante salée, puis passez-les sous l'eau froide pour stopper la cuisson.

- 4 cuil. à soupe de crème fraîche
- 1 cuil. à soupe de vinaigre de xérès
- sel et poivre

Placez dans un saladier les haricots verts égouttés et les pleurotes.

Déglacez la poêle des champignons avec le vinaigre et la crème, salez et poivrez à votre goût et arrosez la salade de cette sauce.

Dégustez tiède accompagné d'un petit mesclun bien relevé ou d'une frisée à l'ail.

Salade de petits pois aux pommes vertes

- 800 g de petits pois en cosse extra-frais
- 2 pommes
- jus de citron
- petits oignons frais
- quelques feuilles de menthe fraîche
- 2 cuil. à soupe de vinaigre de cidre
- 3 cuil. à soupe d'huile de pépins de raisins
- sel et poivre

Ecossez les petits pois. Pelez les pommes (pink lady par exemple), coupez-les en tout petits dés et citronnez-les rapidement.

Emincez les petits oignons.

Mélangez le tout, nappez de vinaigrette et servez cette salade dans des petites coupelles, parsemée de menthe ciselée.

Salade à étages

- 1 boîte d'ananas en morceaux
- 1 boîte de maïs de 300 g
- 8 œufs durs
- 3 pommes granny
- 1 pot de mayonnaise
- 2 blancs de poireaux
- 300 g de mimolette

La veille, égouttez les morceaux d'ananas et mettez-les au fond d'un saladier transparent.

Égouttez le maïs et versez-le sur les ananas, salez bien. Hachez les œufs ; pelez les pommes et enlevez le cœur ; coupez-les en rondelles, puis en morceaux et placez-les sur le maïs ; salez encore. Ajoutez les œufs et mettez une couche de mayonnaise. Coupez les blancs de poireaux en rondelles très fines et râpez la mimolette. Posez les poireaux sur la mayonnaise ; salez encore et mettez la mimolette par-dessus. Laissez 24 h au réfrigérateur.

Salade de penne aux légumes confits

- 500 g de penne
- 1 courgette
- 1 aubergine
- 1 poivron rouge
- 1 oignon
- 2 gousses d'ail
- 1 bouquet de basilic

Détaillez la courgette, l'aubergine, le poivron et l'oignon en petits dés et faites-les revenir quelques minutes dans 2 cuil. d'huile d'olive, avec l'ail écrasé, en remuant souvent.

Pendant ce temps, faites cuire les pâtes « al dente ». Egouttez-les, arrosez-les d'1 cuil. d'huile et remuez bien.

- 30 g de pignons de pin
- 1 cuil. à soupe de vinaigre balsamique
- 4 cuil. à soupe d'huile d'olive
- sel et poivre

Dans le fond d'un saladier, mixez le basilic avec l'huile d'olive restante (gardez-en quelques feuilles pour décorer), le vinaigre, le sel et le poivre. Incorporez les légumes confits et refroidis et mélangez à nouveau. Parsemez de pignons de pin et servez froid.

Salade de pâtes à la tomate et au chèvre

- 350 g de pâtes (tortillons ou autres)
- 600 g de tomates
- 2 petits crottins de chèvre mi-secs
- 1 bouquet de basilic
- 6 cuil. à soupe d'huile d'olive
- 2 cuil. à soupe d'huile d'arachide
- 1 cuil. à soupe de vinaigre
- 1 cuil. à café de moutarde
- sel, poivre

Faites cuire les pâtes dans une grande quantité d'eau additionnée d'un peu d'huile d'arachide. Pendant ce temps, fendez en croix la base des tomates ébouillantées. Coupez-les en dés puis laissez-les égoutter dans une passoire.
Détaillez les fromages de chèvre en fines lamelles.
Dans le fond du saladier préparez une vinaigrette relevée avec la moutarde, le sel, le poivre, le vinaigre et l'huile d'olive.
Lorsque les pâtes sont cuites à point, faites-les bien égoutter puis versez-les chaudes dans le saladier. Ajoutez les tomates, le fromage de chèvre et mélangez doucement avant de parsemer de basilic ciselé.

Salade fleurie aux primevères

- 1 kg d'asperges vertes
- 1 kg de haricots verts
- Une vingtaine de fleurs de primevères du jardin (de différentes couleurs si possible)
- 1 bouquet de ciboulette
- 2 cuil. à soupe de moutarde à l'ancienne
- 2 cuil. à soupe de vinaigre balsamique
- 10 cl d'huile d'olive
- sel et poivre

Faites cuire les haricots et les asperges à la vapeur en veillant à ce qu'ils restent croquants. Egouttez-les et fendez les asperges en deux dans la longueur. Une fois refroidis, mettez les asperges et les haricots sur de grandes assiettes creuses. Préparez la vinaigrette en incorporant la ciboulette hachée et versez-la sur les légumes. Disposez par-dessus les fleurs de primevères rapidement rincées à l'eau claire.

Beaucoup de fleurs du jardin sont délicieuses en salade : capucines, giroflées, glaïeuls, mauves, mufliers, œillets de poète, pâquerettes, pensées, pissenlits, soucis, violettes....

Mes tartes et tourtes salées

Tarte aux artichauts et au bleu

- 1 pâte brisée
- 10 fonds d'artichauts
- 200 g de bleu d'Auvergne
- 200 g de crème fraîche
- poivre
- 30 g de gruyère râpé

Faites cuire les fonds d'artichauts dans de l'eau bouillante salée pendant 30 mn, puis coupez-les en tranches de 1 cm d'épaisseur.
Étalez la pâte dans un moule à tarte beurré et fariné, et répartissez les artichauts sur la pâte.
Coupez le bleu en petits morceaux, mélangez-les avec la crème et poivrez.
Versez cette préparation sur les artichauts et parsemez le dessus de gruyère râpé.
Cuisez à four chaud 25 mn environ.

Tarte aux poires et au roquefort

- 250 g de pâte feuilletée
- 4 poires
- 100 g de roquefort ou de bleu

Préchauffez le four à 180° puis mettez la pâte à cuire à blanc pendant 15 mn, après avoir piqué le fond avec une fourchette.
Pelez et épépinez les poires. Coupez-les en

- 2 cuil. à soupe de crème fraîche
- 2 cuil. à soupe de pignons de pin

lamelles et faites-les dorer au beurre à la poêle. Poivrez.
Disposez-les sur le fond de pâte cuite.
Ecrasez à la fourchette le roquefort avec la crème et poivrez. Versez ce mélange sur les poires et saupoudrez de pignons de pin.
Remettez au four 15 mn.

Tarte aux aubergines et au chèvre frais

- 1 pâte à pain
- 4 aubergines bien fermes
- 2 gousses d'ail
- 2 tomates
- 5 cuil. à soupe d'huile d'olive
- 1 fromage Petit Billy
- thym frais
- cumin en poudre (facultatif)
- sel et poivre

Etalez la pâte à pain assez finement.
Lavez et essuyez les aubergines. Coupez-les en petits dés et faites-les sauter à la poêle dans l'huile d'olive avec les gousses d'ail hachées et le cumin. Coupez les tomates en petits morceaux et ajoutez-les aux aubergines. Salez et poivrez. Etalez la préparation sur la pâte à pain. Disposez des lichettes de Petit Billy un peu partout sur la tarte, parsemez de thym et enfournez pour 20 mn.

Tarte au vert de blettes et aux olives

- 1 pâte brisée
- 500 g de vert de blettes
- 200 g d'oignons
- 3 gousses d'ail
- 1 cuil. à soupe de fleurs de thym
- 180 g de petites olives noires
- 2 œufs
- 2 cuil. à soupe de crème fraîche liquide
- 4 cuil. à soupe d'huile d'olive
- poivre

Lavez et égouttez le vert de blettes puis coupez-le en petits morceaux. Dans une grande poêle, faites blondir dans l'huile d'olive les oignons hachés avec les gousses d'ail écrasées. Quand les oignons sont fondants et blonds, ajoutez le vert de blettes. Laissez cuire jusqu'à ce qu'il n'y ait plus de liquide. Dénoyautez les petites olives (ou, à défaut, coupez des grosses en 4). Battez les œufs avec la crème, poivrez, et ajoutez ce mélange au contenu de la poêle. Etalez la pâte dans un moule à tarte beurré et fariné et recouvrez de la préparation. Parsemez d'olives noires et de fleurs de thym. Faites cuire 25 à 30 mn à four moyen (180°) et servez chaud ou froid.

Variante : on peut réaliser aussi une pâte brisée à l'huile d'olive avec 250 g de farine, 8 cuil. à soupe d'huile, 10 cuil. à soupe d'eau tiède et 1 pincée de sel. Cette pâte doit être faite rapidement, sans pétrir, et doit reposer au moins 30 mn.

Tartelettes aux cèpes

- 1 pâte feuilletée
- 4 à 6 cèpes selon leur grosseur
- 6 feuilles de laitue
- copeaux de parmesan
- romarin
- huile d'olive
- sel et poivre

Découpez 6 disques de pâte à l'emporte-pièce, garnissez-en de petits moules et faites-les blanchir 10 mn à four chaud après les avoir piqués à la fourchette.

Nettoyez les cèpes et coupez-les en tranches pas trop fines. Nettoyez la laitue et hachez-la grossièrement.

Faites revenir les cèpes dans un peu d'huile d'olive en les retournant pour les faire dorer de tous côtés. Réservez. Faites tomber la laitue dans la même poêle en rajoutant un peu d'huile si besoin. Salez et poivrez.

Déposez 1 cuil. à soupe de laitue dans chaque tartelette, puis répartissez quelques lamelles de cèpes. Ajoutez des brins de romarin. Enfournez à nouveau pour quelques minutes. A la sortie du four, disposez des copeaux de parmesan et servez sans attendre.

Tarte savoyarde aux champignons sauvages

- 1 pâte brisée
- 500 g de champignons sauvages mélangés
- 70 g de beurre
- 3 œufs
- 2,5 dl de crème
- 50 g de beaufort râpé
- muscade
- sel, poivre

Nettoyez les champignons, coupez les queues et partagez les plus gros en morceaux. Faites fondre les trois-quarts du beurre dans une poêle où vous mettrez les champignons jusqu'à ce qu'ils aient rendu toute leur eau. Salez et poivrez.

Pendant ce temps, garnissez de pâte un moule à tarte beurré. Précuisez la pâte à four moyen pendant 1/4 d'heure avec une poignée de haricots secs. Sortez le moule, ôtez les haricots.

Battez les œufs et la crème avec le fromage et la muscade râpée. Rectifiez l'assaisonnement, au besoin rajoutez sel et poivre. Répartissez les champignons sur la pâte précuite et versez dessus les œufs battus avec la crème. Placez le moule à mi-hauteur du four et laissez cuire environ 1/2 heure.

Tarte au chou-fleur et au crottin râpé

- 1 pâte brisée
- 1 chou-fleur
- 5 œufs
- 200 g de crème fraîche
- 2 dl de lait
- 1 crottin de chèvre en copeaux
- sel, poivre

Détachez les bouquets de chou-fleur, lavez-les puis faites-les cuire à l'eau bouillante salée pendant 5 mn. Passez-les alors sous l'eau froide et égouttez-les bien.

Dans une terrine, battez les œufs, ajoutez la crème fraîche, le lait et le fromage en copeaux. Salez et poivrez.

Garnissez de pâte un moule à tarte beurré. Piquez le fond avec une fourchette.

Disposez les bouquets de chou-fleur et versez la crème par-dessus.

Cuisez à four moyen pendant 45 mn.

Variante : pour changer, vous pouvez remplacer le fromage de chèvre par des fromages plus forts : mont-d'or, époisses ou maroilles

Tarte de courgettes au pesto

- 1 pâte brisée
- 2 kg de courgettes pas trop grosses
- 1 pot de pesto (120 g)
- 2 boules de mozzarella di buffala (250 g)
- 1 filet d'huile d'olive
- 30 g de parmesan râpé
- sel, poivre

Epluchez les courgettes en laissant une bande de peau sur deux et en ôtant les graines. Coupez-les en rondelles. Avant de les mettre à cuire à la vapeur, réservez quelques tranches fines que vous faites à peine cuire (5 mn) et mettez-les de côté. Egouttez très soigneusement les autres courgettes avant de les réduire en purée. Si la purée est encore trop liquide, faites-la éventuellement dessécher légèrement dans une casserole puis mélangez-la au pesto. Salez et poivrez.

Foncez un moule à tarte beurré et fariné avec la pâte et étalez la purée.

Recouvrez de la mozzarella coupée en tranches. Placez par-dessus les rondelles de courgettes réservées. Salez et poivrez légèrement. Arrosez d'un petit filet d'huile d'olive et saupoudrez de parmesan.

Mettez à cuire à four chaud (200°) pendant 35 mn environ.

Tatin d'endives

- 1 pâte feuilletée
- 4 endives coupées en 2 ou en 4 selon grosseur
- 1 orange
- 50 g de beurre
- 50 g de sucre
- sel, poivre

Prélevez le zeste de l'orange et hachez-le finement. Faites un caramel avec le sucre, le jus et le zeste. Lorsqu'il commence à roussir, versez-le dans un moule à manqué. Disposez les endives en étoile sur le caramel, parsemez de morceaux de beurre et enfournez en prenant soin de bien couvrir le moule.

Après 20 ou 25 mn, sortez le moule et posez le disque de pâte sur les endives en appuyant bien sur les bords. Piquez la pâte à la fourchette et enfournez de nouveau pour 15 mn à thermostat 6 puis 15 autres mn thermostat 4 ou 5. Sortez la tatin et laissez-la refroidir avant de démouler à l'aide d'un couvercle ou d'un grand plat rond. Cette tarte peut se déguster tiède.

Tarte aux endives et au camembert

- 1 pâte brisée
- 2 kg d'endives
- 1 bon camembert à point
- 30 g de beurre
- 2 œufs
- 10 cl de crème liquide
- 2 cuil. à soupe de chapelure
- sel, poivre

Enlevez soigneusement le cœur des endives et coupez-les en morceaux. Faites-les revenir au beurre et cuire, braisées, à feu moyen, 20 mn environ. S'il reste du jus, passez-les rapidement à feu vif dans une poêle en remuant souvent pour les sécher.
Garnissez de pâte un moule à tarte beurré et fariné et mettez-y la moitié des endives. Salez et poivrez. Recouvrez avec la moitié du camembert coupé en lamelles, puis avec le reste des endives. Terminez avec les lamelles de l'autre moitié du camembert.
Battez les œufs avec la crème, du sel et du poivre et étalez ce mélange sur la tarte.
Faites cuire à four moyen, en surveillant la couleur, pendant 30 mn.

Variante : vous pouvez remplacer le camembert par du maroilles râpé. Accompagnez la tarte d'une salade de pourpier à l'huile et au vinaigre de noix.

Tarte aux épinards

- 1 pâte feuilletée
- 1 kg d'épinards
- 2 pommes de terre de taille moyenne
- 120 g de gruyère râpé
- 1 œuf
- 30 g de beurre
- sel, poivre

Faites cuire les pommes de terre dans une casserole d'eau bouillante salée, environ 20 mn. Otez les queues des épinards, lavez-les et mettez-les à cuire dans une autre casserole d'eau bouillante salée, 5 mn après la reprise de l'ébullition. Lorsque les pommes de terre sont cuites, réduisez-les en purée et ajoutez les épinards que vous aurez pressés dans les mains pour les égoutter au maximum. Ajoutez la crème fraîche. Enfin, mélangez bien tout, salez et poivrez à votre convenance. Etalez la pâte sur un moule à tarte beurré et fariné, versez la préparation, saupoudrez de gruyère râpé.
Faites cuire à four moyen environ 30 mn.
Servez chaud ou tiède.

Tarte tourangelle aux oignons et à la faisselle de chèvre

- 1 pâte brisée
- 300 g d'oignons nouveaux
- 200 g de fromage blanc de chèvre
- 4 œufs
- 10 cl de crème fraîche
- 1 bouquet de ciboulette
- noix de muscade
- sel, poivre

Chauffez le four à feu vif. Etalez la pâte brisée et garnissez-en un moule à tarte préalablement fariné. Epluchez les oignons et émincez-les en très fines tranches.

Garnissez-en le fond de tarte. Mettez dans un grand saladier le fromage blanc, la crème, les jaunes d'œuf et mélangez bien avec une cuillère en bois. Râpez un peu de muscade, salez, poivrez. Si le mélange est trop épais, détendez-le avec un peu de lait.

Hachez finement la ciboulette et incorporez-la au mélange précédent.

Battez les blancs d'œuf en neige et incorporez-les délicatement au fromage blanc.

Recouvrez le fond de tarte avec ce mélange et laissez cuire au four durant 30 mn environ.

Sortez du four et laissez un peu refroidir avant de servir.

Tarte au cébettes

- 1 pâte feuilletée
- 1 botte de cébettes
- 200 g de ricotta
- 2 œufs
- 20 g de beurre
- 1 cuil. à soupe d'huile de colza
- Sel et poivre

Détaillez les cébettes en tronçons et faites-les revenir à la poêle dans le mélange huile-beurre.
Faites fondre à feu doux jusqu'à ce que les cébettes soient bien compotées. Salez et poivrez.
Battez les œufs entiers avec la ricotta et incorporez les cébettes.
Versez la préparation sur le fond de tarte et faites cuire à four moyen pendant 30 à 40 mn.

Quiche aux oignons

- 1 pâte brisée
- 500 g d'oignons
- 50 g de beurre
- 200 g de fromage râpé
- 1 cuil. à soupe de cumin (ou de carvi)
- 1 œuf
- 30 cl de crème
- Sel et poivre

Émincez les oignons et faites-les revenir dans le beurre à feu doux et à couvert pendant 10 mn.
Lorsqu'ils sont translucides, répartissez-les sur le fond de pâte.
Battez l'œuf et la crème liquide, incorporez le cumin et le fromage râpé, salez et poivrez.
Versez sur la compote d'oignons et faites cuire à four moyen pendant 40 mn.

Tarte à l'oignon et aux œufs durs

- 1 pâte brisée
- 1 kg d'oignons
- 6 œufs durs
+ 1 œuf
- maïzena
- thym
- laurier
- sucre
- huile d'olive
- sel, poivre

Foncez une tourtière farinée et faites cuire 15 mn à four chaud après avoir piqué le fond de plusieurs coups de fourchette. Pendant ce temps, faites rissoler tout doucement les oignons émincés dans de l'huile d'olive, en rajoutant une pincée de sucre et du sel. Couvrez-les. Rajoutez un peu d'eau si nécessaire.

Quand ils sont bien dorés et transparents, saupoudrez de thym, laurier et poivre.

Faites une sauce de liaison avec 1 cuil. à café de maïzena diluée dans un peu d'eau froide, à laquelle vous ajouterez un œuf entier. Mélangez bien.

Versez les oignons sur la pâte précuite, décorez avec les œufs durs coupés en tranches, rajoutez la sauce de liaison et faites cuire 10 mn à four moyen.

Servez chaud ou froid.

Tourte au fromage

- 2 pâtes feuilletées
- 1 kg de pommes de terre
- 3 échalotes
- 2 gousses d'ail
- 2 cuil. à soupe de persil haché
- 200 g de roquefort, ou de bleu d'Auvergne ou de fourme d'Ambert.
- 250 g de champignons
- 25 g de beurre
- 1/2 verre de vin blanc sec
- 3 cuil. à soupe de crème fraîche
- sel, poivre
- 1 jaune d'œuf pour dorer

Epluchez les pommes de terre et coupez-les en tranches fines. Nettoyez les champignons, coupez-les en lamelles et faites-les cuire avec beurre, sel et poivre. Hachez les échalotes et l'ail et faites-les cuire lentement à couvert dans le vin blanc. Etalez la première pâte feuilletée et disposez une couche de pommes de terre, le sel et le poivre. Répartissez ensuite par-dessus les échalotes et l'ail cuits, le persil haché et le fromage coupé en petits morceaux, puis les champignons poêlés. Disposez une nouvelle couche de pommes de terre, sel et poivre. Formez un couvercle avec la deuxième abaisse de pâte, en aménageant au centre un trou pour la vapeur. Repliez les bords en les soudant ensemble. Dorez avec un jaune d'œuf battu. Faites cuire à four chaud 15 mn, puis à four moyen pendant 1 h 30. Au sortir du four, versez par l'orifice 3 cuil. de crème fraîche.

Tatin de poireaux au caramel épicé

- 1 pâte brisée
- 6 poireaux moyens
- 5 cl de crème fleurette
- 50 g de sucre en poudre
- 1 cuil. à soupe de vinaigre
- 1 cuil. à soupe et demie de curry
- sel, poivre

Préchauffez le four à 180°. Sur le feu, faites chauffer le sucre avec 1 cuil. à soupe d'eau, versez le vinaigre et fouettez énergiquement jusqu'à l'obtention d'un caramel ambré. Hors du feu, ajoutez la crème, 1 cuil. à soupe de curry et du sel, toujours en fouettant. Versez le caramel dans un moule à manqué anti-adhésif de 20 cm de diamètre.

Coupez en tronçons de 2 cm les blancs de poireaux. Rangez-les à la verticale sur le caramel, bien serrés. Salez et poivrez un peu.

Disposez la pâte sur les poireaux en rentrant un peu les bords. Piquez avec une fourchette.

Mettez à four moyen 45 mn.

Démoulez en retournant sur un plat et saupoudrez de curry avant de servir.

Tarte aux poireaux et au pélardon

- 1 pâte feuilletée
- 3 ou 4 blancs de poireaux
- 500 g de fromage blanc
- 2 œufs
- 1 pélardon bien fait ou autres fromages de chèvre, frais ou secs (petit billy, crottins, cabécous, ou chèvre bûche...)
- 1 noix de beurre
- 2 cuil. à soupe d'huile de colza ou de tournesol
- sel, poivre

Rincez les blancs de poireaux et séchez-les soigneusement. Fendez-les en 4 puis détaillez-les grossièrement. Faites-les fondre à couvert avec le beurre et l'huile pendant 10 bonnes minutes. Salez et poivrez. Pendant ce temps préchauffez le four thermostat 6 (180°). Battez les œufs avec le fromage blanc, salez et poivrez. Ajoutez la fondue de poireaux et mélangez. Versez la préparation sur le fond de tarte. Enfoncez de petits morceaux de pélardon un peu partout dans la tarte et enfournez pour 35 ou 40 mn.

Variante : on peut remplacer le fromage blanc par de la béchamel et le chèvre par du gruyère râpé.

Flamiche aux tomates et aux courgettes

- 1 pâte brisée
- 3 tomates
- 3 petites courgettes
- 2 cuil. à soupe de crème épaisse
- 3 œufs
- noix de muscade râpée
- 60 g de fromage aux fines herbes
- sel, poivre

Faites cuire à la poêle les courgettes coupées en rondelles. Battez les œufs en omelette, ajoutez la crème fraîche, la muscade et le fromage écrasé, assaisonnez.
Garnissez de pâte un moule à tarte beurré et fariné. Piquez la pâte avec une fourchette, étalez les rondelles de courgettes , puis recouvrez avec les rondelles de tomate. Versez la garniture et étalez-la. Mettez 20 mn à four très chaud.

Tarte légère de Florence

- 1 pâte feuilletée pur beurre
- 5 œufs
- 3 cuil. à café de crème fraîche
- 5 cl de lait

Garnissez de pâte un moule à tarte beurré et fariné. Battez ensemble les œufs, la crème, le lait et l'eau. Salez, poivrez et ajoutez la ciboulette. Versez le tout sur la pâte.
Sur cette base, répartissez des tranches de

- 10 cl d'eau
- ciboulette ciselée
- 1 belle tomate
- 1 gros champignon coupé en lamelles
- 1 boule de mozzarella di buffala
- 5 tranches fines de bûche de chèvre
- sel, poivre

mozzarella alternées avec des tranches de tomate. Par-dessus, disposez les lamelles de champignon et les tranches de fromage de chèvre. Faites cuire à four moyen (180°) pendant 30 mn environ.

Variante : on peut ajouter quelques tranches de courgettes préalablement ébouillantées et remplacer la ciboulette par des tiges vertes d'oignon nouveau.

Tarte à la moutarde et au sainte-maure

- 1 pâte brisée
- 5 tomates
- 2 cuil. à soupe de moutarde forte
- 1 sainte-maure
- 3 brins d'estragon

Coupez le fromage et les tomates en rondelles.
Etalez la pâte brisée dans un moule, recouvrez-la d'une fine couche de moutarde, disposez dessus les rondelles de tomates. Couvrez de chèvre et d'estragon ciselé.
Placez à four chaud durant 20 mn.

Tatin d'échalotes

- 1 pâte feuilletée
- 750 g d'échalotes
- 1 cuil. à soupe de miel liquide
- 3 cuil. à soupe de sucre
- 1 branche de thym
- 1 cuil. à soupe de vinaigre balsamique
- 50 g de beurre
- Sel et poivre du moulin

Epluchez les échalotes sans les couper puis faites les bouillir 5 mn dans de l'eau salée. Egouttez-les soigneusement.

Faites-les revenir dans le beurre à feu doux et à couvert, salez et poivrez. Incorporez le miel, le sucre et le thym émietté, le vinaigre et poursuivez la cuisson jusqu'à ce que les échalotes soient tendres et caramélisées (au moins 30 mn à feu doux et à couvert).

Tapissez le fond du moule à manqué d'échalotes et posez la pâte feuilletée par-dessus en enfonçant bien les bords. Faites cuire à four chaud 15 mn puis à four moyen 10 mn.

Attendez que la tarte soit refroidie pour la démouler.

Tourte forestière

- 2 abaisses de pâte feuilletée (ou 600 g de pâte)
- 1 kg de pommes de terre
- 1 kg de champignons nettoyés (cèpes, girolles ou champignons de Paris)
- 10 branches de persil plat (soit un petit bouquet) ciselé
- 4 échalotes grises
- 1 jaune d'œuf
- 20 cl de crème fleurette (liquide)
- beurre
- sel, poivre du moulin, noix de muscade

Mettez les champignons à suer dans une poêle avec un peu de beurre. Au bout de 5 mn, ajoutez les échalotes hachées et le persil ciselé. Salez, poivrez et réservez

Epluchez et coupez les pommes de terre en très fines rondelles de 2 à 3 mm d'épaisseur. Faites-les cuire dans une casserole d'eau salée 2 mn après l'ébullition. Egouttez-les.

Dans une tourtière, déposez une pâte feuilletée en faisant bien dépasser les bords, piquez-la. Mélangez délicatement les pommes de terre et les champignons avec 2 cuil. à soupe de crème liquide, ajoutez la noix de muscade. Versez sur le fond de pâte. Recouvrez de la 2e pâte et collez bien les bords avec un peu d'eau. Dorez au jaune d'œuf. Aménagez une ouverture pour la vapeur et faites cuire 30 mn à 180°.

Dès la sortie du four, incorporez la crème liquide restante en soulevant délicatement les bords de la cheminée.

Quiche verte aux trois fromages

- 1 pâte brisée
- 1 laitue
- 1 bouquet de persil
- quelques feuilles de blettes
- 1 cuil à soupe d'huile d'olive
- 100 g de gruyère râpé
- 75 g de fourme d'Ambert
- 75 g de mimolette
- 3 œufs
- 20 cl de crème liquide
- piment d'Espelette
- sel et poivre

Faites revenir les herbes grossièrement hachées dans l'huile d'olive.
Répartissez-les sur le fond de pâte brisée.
Battez les œufs avec la crème liquide, ajoutez le gruyère râpé et les autres fromages coupés en petits dés.
Salez (peu), poivrez et pimentez.
Versez sur les herbes et faites cuire à four moyen (200°) pendant 40 mn.

Mes plats chauds

Fondue de la dent d'Oche

- 600 g de comté de Savoie
- même poids d'emmental de Savoie
- demi-poids de reblochon fermier de Savoie
- 3 gousses d'ail
- 2 noix de beurre
- 50 cl de vin blanc de Savoie (apremont, roussette…)
- 1 verre à liqueur de marc de Savoie (à défaut, de kirsch)
- 1 cuil. à soupe de fécule de pommes de terre
- 1 grosse miche de pain de 3 jours
- poivre et noix de muscade
- 1 caquelon à fondue (avec réchaud) et 8 piques à fondue

Coupez la boule de pain en tranches de 4 cm d'épaisseur puis coupez de gros cubes. Réservez le pain dans un grand saladier de service. Retirez la croûte de tous les fromages. Râpez l'emmental, coupez en petits morceaux le comté et le reblochon. Mêlez tous les fromages, réservez.

Epluchez les gousses d'ail, dégermez-les. Frottez l'intérieur du caquelon (ou poêlon) avec une gousse d'ail, placez les deux autres au fond du caquelon.

Mettez le beurre dans le caquelon sur feu doux. Une fois le beurre fondu, versez un verre de vin et une poignée de fromages. Laissez fondre les fromages sans cesser de tourner à la cuillère en bois. Procédez ainsi successivement pour tout le fromage.

Après la dernière poignée mise à fondre, dans une coupelle délayez la fécule de pommes de terre avec le marc.

Versez ce mélange dans la fondue, continuez à mélanger en laissant épaissir jusqu'à l'obtention d'une texture parfaitement lisse et souple.

Assaisonnez de poivre et d'un peu de noix de muscade râpée. Mélangez et placez avec précaution le caquelon sur un réchaud allumé prévu à cet effet au centre de la table. Piquez un morceau de pain et trempez-le dans la fondue.

Crumble de potiron

- 1 petit potiron (ou 1,5 kg en morceaux)
- 3 gros oignons
- 10 cl d'huile d'olive
- 200 g de farine
- 125 g de flocons d'avoine
- 125 g de beurre bien froid
- 80 g de pignons de pin
- 1 bâton de gingembre frais
- 1 cuil. à soupe de pâte de curry douce
- 1 cuil. à soupe de sucre
- sel

Pelez le potiron et coupez-le en gros cubes. Pelez et émincez les oignons. Râpez le gingembre et conservez la pulpe et le jus. Dans deux grandes poêles, faites suer les oignons dans un peu d'huile et réservez.

Dans les mêmes poêles, faites dorer les cubes de potiron dans le reste d'huile, sans trop les cuire car ils se mettent vite en purée ! Hors du feu, remettez les oignons, ajoutez la pâte de curry, la pulpe de gingembre, le sel et les pignons en touillant pour rendre le tout homogène. Versez la préparation dans un grand plat à gratin.

Préchauffez votre four th 6. Préparez la pâte à crumble en mélangeant la farine, les flocons d'avoine, le sucre et un peu de sel.

Coupez le beurre en morceaux et incorporez-le en l'effritant du bout des doigts jusqu'à ce qu'elle soit en miettes. Répartissez la pâte sur le plat et enfournez pour 30 mn. A mi-cuisson, tournez le plat pour que la cuisson soit régulière. Servez tiède avec une grosse salade.

Cette recette est également délicieuse avec des courgettes.

Tartiflette

- 12 grosses pommes de terre fermes (agatha, charlotte...)
- 4 beaux oignons
- 1 bouteille de Roussette-de-Savoie (vin blanc sec)
- 3 cuil. à soupe de crème fraîche
- beurre
- gros sel, sel, poivre
- noix de muscade
- 1 gros reblochon fermier ou un camenbert normand

Epluchez les oignons, coupez-les en fines lamelles (si possible à la mandoline). Mettez-les dans une petite casserole, couvrez-les de vin blanc et faites cuire à feu doux jusquà évaporation du vin.

Epluchez et coupez les pommes de terre en rondelles d'environ 7 mm. Mettez-les dans une grande casserole. Couvrez-les avec 3 verres de vin blanc, de l'eau, la crème fraîche et une pincée de gros sel. Une fois à ébullition laissez cuire 5 mn sur feu moyen, puis égouttez. (les pommes de terre doivent être cuites mais se tenir).

Préchauffez le four à 200°.

Beurrez généreusement un grand plat à four. Etalez sur le fond du plat la moitié de la fondue d'oignons puis la moitié des pommes de terre. Salez légèrement, poivrez et ajoutez un peu de noix de muscade. Recouvrez du reste d'oignons, puis du reste de pommes de terre. Egalisez la surface, arrosez d'un verre de vin, poivrez, salez et ajoutez un peu de noix de muscade.

Coupez le reblochon (ou la camembert) en deux dans l'épaisseur. Placez-le sur les pommes de terre.

Enfournez 20 mn à mi-hauteur en surveillant pour que la croûte du fromage ne brûle pas.

Potée de ma mère

- 1 chou vert
- 1 kg de poireaux
- 1 kg de pommes de terre
- 1 bouquet garni
- 1 oignon
- 2 gousses d'ail
- 1 clou de girofle
- beurre
- crème fraîche
- sel et poivre

Otez les premières feuilles du chou, coupez-le en 4, supprimez la grosse partie du trognon, et blanchissez-le 10 mn à l'eau bouillante salée. Egouttez.

Nettoyez et ébarbez les poireaux, supprimez la partie vert foncé. Pelez les pommes de terre, coupez-les en 2 ou 4, selon grosseur. Epluchez l'oignon et piquez-le de girofle. Epluchez les gousses d'ail.

Dans une grande cocotte, faites fondre une belle quantité de beurre, mettez tous les légumes, le bouquet garni, l'ail et l'oignon.

Couvrez, mettez sur le couvercle un torchon mouillé pour assurer une bonne condensation et favoriser la cuisson des légumes dans leur eau de végétation. Laissez mijoter ainsi doucement 30 mn.

Servez en déposant un peu de crème à fondre sur la potée chaude.

Chou farci

- 1 chou
- saindoux ou beurre
- 1 gros oignon
- persil plat
- 3 œufs
- 1 cuil. de chapelure
- sel
- poivre

Pour la sauce :

- 8 belles tomates
- 1 oignon
- 2 gousses d'ail
- beurre
- 1 bouquet garni
- sel
- poivre

Choisissez un beau chou bien pommé. Placez un torchon propre au fond d'une terrine. Prélevez les 6 premières feuilles du chou. Lavez-les et disposez-les sur la serviette contre le bord de la terrine, le haut de la feuille placé contre le fond. Ces feuilles serviront à reformer le chou.

Epluchez le reste du chou puis hachez-le finement. Faites-le revenir dans un peu de matière grasse jusqu'à ce qu'il ait pris une belle teinte blonde. Retirez du feu et laissez tiédir. Faites revenir un gros oignon haché et un peu de persil ciselé. Ajoutez au chou l'oignon, les œufs entiers, une bonne cuillerée de chapelure, du sel et du poivre. Mélangez bien. Versez ce mélange au centre des grandes feuilles disposées dans la terrine. Prenez alors les coins de la serviette et ficelez tout près des côtes des feuilles, en serrant suffisamment pour que le chou se trouve bien reformé. Placez la serviette dans une marmite emplie d'eau bouillante salée. Faites cuire 1 h.

Pour la sauce : faites revenir tout doucement dans une casserole, dans de la matière grasse, l'oignon émincé, les tomates pelées et épépinées, l'ail et le bouquet garni. Saler, poivrer et laissez fondre et réduire doucement pendant environ 20 mn.

Mettez à égoutter le chou dans la serviette sur une passoire. Au moment de servir, placez le chou dans un plat creux et versez la sauce autour.

Quenelles de bonne-maman

- 1 l de lait
- 500 g de semoule moyenne
- 6 oeufs
- 500 g de gruyère rapé
- sauce tomate liquide assaisonnée à votre convenance (coulis en boîte ou bien fait maison en faisant revenir tomates, oignons, ail et thym)

Portez le lait à frémissement, puis versez-y la semoule. Tournez sans cesse avec une cuillère en bois pour éviter que la semoule n'attache. Lorsque la semoule a imbibé tout le lait, arrêtez la cuisson.

Hors du feu, cassez les oeufs un à un dans la semoule, mélangez bien. La semoule doit être compacte. Rajoutez le gruyère, mélangez encore pour que cette pâte soit homogène, salez et poivrez. Pétrissez la semoule et formez des quenelles plus ou moins allongées selon votre goût.

Déposez les quenelles dans un plat à gratin et recouvrez-les de sauce tomate assez liquide.

Faites cuire à 200° pendant 10 mn puis baissez la température à 180° pendant 20 mn.

Lasagnes aux herbes et aux 3 fromages

- feuilles de lasagne à garnir
- 500 g d'épinards ou de feuilles de blettes hachés
- 1 l de sauce béchamel
- 300 g de ricotta
- 300 g de fromage de chèvre
- 100 g de parmesan beurre
- sel, poivre

Pour la sauce béchamel

- 40 g de farine
- 40 g de beurre
- 0,5 l de lait
- sel, poivre

Faites cuire les épinards à la cocotte, hachez-les une fois cuits et égouttés, salez et poivrez abondamment.

Préparez la béchamel : faites fondre le beurre dans une casserole et versez-y la farine. Remuez à l'aide d'une cuillère en bois et laissez cuire à feu doux jusqu'à ce qu'apparaisse une écume blanche. Otez la casserole du feu et versez peu à peu le lait tout en remuant. Remettez alors sur le feu et, sans cesser de tourner, amenez à ébullition quelques minutes suivant l'épaississement désiré. Salez et poivrez selon votre goût.

Ecrasez la ricotta et coupez le fromage de chèvre en petits morceaux et mélangez-les à la béchamel. Beurrez un plat à gratin et tapissez-le de feuilles de lasagnes. Recouvrez successivement les lasagnes d'une couche d'épinards puis d'une couche de sauce béchamel et recommencez l'opération 2 fois. Saupoudrez de parmesan et parsemez de lamelles de beurre. Mettez au four préchauffé à 200° pendant 25 mn.

Vous pouvez remplacer le fromage de chèvre par de la mozarella ou du gruyère rapé.

Lasagnes aux champignons

- feuilles de lasagne à garnir
- 700 g de champignons (cèpes, champignons de Paris ou même morilles, ce n'en sera que meilleur)
- 1 l de sauce béchamel
- 200 g de comté
- 6 œufs
- 3 échalotes
- 100 g de gruyère râpé ou parmesan
- beurre
- sel, poivre

Pour la sauce béchamel

- 40 g de farine
- 40 g de beurre
- 0,5 l de lait

Faites revenir les champignons émincés à la poêle dans un peu de beurre avec des échalotes hachées, salez et poivrez abondamment.

Faites durcir les œufs 10 mn et rincez-les à l'eau froide.

Pendant ce temps, préparez une béchamel.

Coupez le comté en petits morceaux et mélangez-le à la béchamel. Hachez les œufs durs.

Beurrez un plat à gratin et tapissez-le de feuilles de lasagnes.

Recouvrez successivement les lasagnes d'une couche de champignons, d'une couche de sauce béchamel, d'une couche de feuilles de lasagnes, d'une couche d'oeufs durs. Finissez par une couche de feuilles de lasagnes que vous napperez de béchamel. Saupoudrez de parmesan ou gruyère râpé et parsemez de lamelles de beurre.

Mettez au four préchauffé à 200° pendant 25 mn.

Lasagnes au pesto et à la ratatouille

- feuilles de lasagne à garnir
- 2 pots de pesto vert de 190 g
- 1 pot de sauce tomate arrabiata de 190 g
- le reste d'une ratatouille (300 à 400 g)
- 250 g de mozarella
- 200 g de gruyère râpé
- beurre
- sel, poivre

Beurrez un plat à gratin et tapissez-le de feuilles de lasagnes.

Recouvrez avec le contenu d'un pot de pesto, remettez une couche de feuilles de lasagnes, nappez-les avec le reste de ratatouille et rajoutez la moitié du gruyère râpé. Recouvrez d' une couche de feuilles de lasagnes que vous napperez avec l'autre pot de pesto. Finissez par une couche de feuilles de lasagne nappée de sauce arrabiata. Saupoudrez avec le reste du gruyère râpé.

Mettez au four préchauffé à 200° pour 25 mn.

5 mn avant la fin de la cuisson, sortez le plat du four et recouvrez les lasagnes de tranches de mozarella. Remettez au four jusqu'à ce que la mozarella soit fondue.

Vous pouvez servir tel quel ou avec un coulis de tomates.

Variante : vous pouvez préférer mettre deux couches de ratatouille et une couche de pesto.

Risotto de légumes verts aux amandes

- 350 g de riz thaï ou basmati
- 1 l de bouillon de légumes
- 150 g de petits pois surgelés
- 250 g de haricots verts
- 1 courgette
- 6 échalotes
- 1 sachet d'amandes effilées
- 1 poignée de raisins secs moelleux
- 1 cuil. à café de cannelle en poudre
- 20 g de beurre
- 8 cl d'huile de colza.

Faites griller les amandes à sec et à feu vif dans une poêle en les remuant sans cesse. Réservez. Dans la même poêle, faites revenir 3 échalotes émincées dans la moitié du beurre et de l'huile.

Lorsqu'elles sont bien fondues, ajoutez les haricots coupés en deux et les courgettes en rondelles avec leur peau. Mouillez avec un peu de bouillon et laissez cuire 5 mn.

Dans une grande sauteuse, faites dorer au beurre et à l'huile les 3 échalotes restantes, puis versez le riz et poursuivez la cuisson 5 mn en remuant souvent.

Versez la moitié du bouillon, incorporez les légumes, les amandes, les raisins et les petits pois, salez et poivrez et saupoudrez de cannelle. Mélangez et laissez cuire à couvert et à feu doux 15 à 20 mn.

Rajoutez du bouillon chaque fois que c'est nécessaire. Servez bien chaud avec une salade verte aux herbes.

Épeautre aux raisins et au citron confit

- 500 g d'épeautre
- 1 botte de petits oignons nouveaux
- 4 citrons beldis (au rayon casher)
- 50 g de raisins blonds moelleux
- 4 cuil. à soupe d'huile d'olive
- 2 cuil. à soupe de curcuma
- sel et poivre

Rincez et faites cuire l'épeautre à l'eau bouillante salée pendant 30 mn, puis égouttez-le longuement.
Emincez les oignons en gardant une partie des tiges pour la suite. Faites-les fondre dans l'huile d'olive, dans une cocotte, à couvert et à feu doux. Ajoutez les raisins, le curcuma et les citrons coupés en quatre, plus un verre d'eau. Salez et poivrez. Incorporez l'épeautre, laissez cuire encore 5 mn et servez bien chaud parsemé de vert d'oignon ciselé.

Orge et champignons au safran

- 200 g d'orge mondé
- 75 cl d'eau
- 1 cube de bouillon de légumes
- 500 g de champignons de Paris

Faites bouillir l'eau avec le cube de bouillon. Versez l'orge mondé, baissez le feu et laissez cuire à couvert jusqu'à ce que le bouillon soit complètement absorbé. Hors du feu, l'orge va continuer à gonfler. Faites fondre les oignons émincés, ajoutez les champignons finement tranchés et

- 2 oignons
- 2 capsules de safran
- 4 cuil. à soupe d'huile d'olive
- sel et poivre

mélangez jusqu'à ce que l'eau de cuisson se soit évaporée. Incorporez l'orge et le safran, salez et poivrez.
Servez avec une grosse salade.

Boulettes de kascha aux pistaches et au sésame

- 200 g de kascha (sarrasin grillé)
- 50 g de graines de sésame
- 50 g de pistaches décortiquées
- 1 gros oignon
- 2 œufs
- 1 cuil. à soupe de sauce soja
- 1 cuil. à soupe d'huile d'olive

Lavez puis égouttez le kascha. Faites-le cuire dans deux fois son volume d'eau, à feu doux et à couvert, jusqu'à ce que l'eau de cuisson soit presque absorbée. Laissez gonfler hors du feu. Faites revenir l'oignon émincé dans l'huile, ajoutez le kascha, les pistaches hachées et la sauce soja. Laissez refroidir un peu avant d'incorporer les œufs. Formez des boulettes et roulez-les dans les graines de sésame préalablement grillées à sec.
Faites dorer les boulettes au four ou à la poêle et servez-les avec une salade de tomates ou de poivrons (ou les deux !).

Légumes confits et quinoa

- 150 g de quinoa
- 2 grosses courgettes
- 2 aubergines
- 4 oignons rouges
- 4 tomates
- 10 cl d'huile d'olive
- sel et poivre
- 1 branche de romarin

Rincez le quinoa sous l'eau froide, puis faites-le cuire dans deux fois son volume d'eau pendant 10 mn. Egouttez-le. Etalez-le au fond d'un grand plat à gratin. Préchauffez votre four th. 4.

Coupez tous les légumes en tranches fines et disposez-les sur le quinoa en alternant les variétés, comme pour un tian. Salez, poivrez et arrosez d'huile d'olive. Parsemez de romarin et enfournez pour une bonne heure.

Boulghour raisins-pruneaux

- 200 g de boulghour
- 100 g de raisins blonds
- 100 g de pruneaux
- 4 échalotes
- 1/2 bouquet de coriandre

Faites cuire le boulghour 10 mn dans 1 l d'eau avec le cube de bouillon, puis égouttez-le. Faites fondre les échalotes émincées dans l'huile d'olive, puis ajoutez les pruneaux hachés et dénoyautés, les raisins, la cannelle et le boulghour. Mélangez et servez parsemé de coriandre ciselée.

- 1 cuil. à café de cannelle
- 1 cube de bouillon de légumes
- 5 cl d'huile d'olive

On peut aussi agrémenter le boulghour avec des pistaches, des pignons, des amandes, des noisettes, des abricots secs, des figues...

Polenta sauce tomate aux cèpes

- 250 g de polenta
- 1,25 l d'eau
- 1 boîte de tomates concassées
- 1 sachet de jeunes cèpes surgelés
- 10 cl d'huile d'olive
- 2 gousses d'ail
- 1 cuil. à café de sucre
- sel et poivre
- 50 g de parmesan râpé

Faites bouillir l'eau avec une pincée de sel et versez la polenta en pluie en remuant avec une cuillère en bois. Baissez le feu et continuez à tourner jusqu'à ce que la polenta se détache des parois de la casserole. Ajoutez le parmesan et mélangez.

Etalez la polenta dans le fond d'un grand plat huilé (environ 2 cm d'épaisseur). Laissez refroidir. Faites sauter les cèpes décongelés et égouttés dans 5 cl d'huile d'olive, salez, poivrez et ajoutez l'ail haché menu.

Incorporez la chair de tomates et laissez mijoter à feu doux et à couvert pendant 30 mn.

Découpez dans la polenta froide des cercles avec un emporte-pièce (ou un verre retourné). Faites dorer les galettes à la poêle, des deux côtés, dans le reste d'huile d'olive et servez nappé de sauce tomate aux cèpes.

Couscous aux artichauts

- 250 g de semoule fine
- 12 fonds d'artichauts
- 2 carottes
- 2 courgettes
- 2 tomates
- 2 navets
- 1 boîte de pois chiches
- 1 oignon
- 1 cuil. à café de cumin
- 1 cuil. à café de cannelle
- 1 cuil. à café de harissa
- 1 bouquet garni
- 5 cl d'huile d'olive

Emincez l'oignon, détaillez les carottes, les navets, les courgettes et les artichauts en gros cubes et faites-les revenir dans l'huile d'olive.

Saupoudrez de cumin, ajoutez les tomates épépinées et coupées en morceaux, la harissa et mélangez.

Versez de l'eau chaude à hauteur, incorporez les pois chiches rincés et le bouquet garni, salez et couvrez.

Laissez mijoter à feu doux pendant 45 mn.

Servez avec la semoule égrenée et parsemée de cannelle.

Poêlée de patates douces caramélisées

- 1 kg de patates douces
- 2 oignons
- 1 poireau
- 2 cuil. à soupe de miel
- 1 cuil. à café de curry

Pelez et coupez les patates en gros dés. Essuyez-les soigneusement. Faites revenir les oignons et le poireau émincés dans l'huile d'olive et ajoutez les patates.

Incorporez le curry, le miel et salez. Poursuivez la cuisson

- 10 cl d'huile d'olive
- sel

à feu moyen en faisant sauter les patates de temps en temps pour les dorer. Servez chaud avec une salade croquante bien relevée.

Curry de quinoa aux légumes verts

- 250 g de pois gourmands
- 2 courgettes
- 1 bouquet de brocoli
- 1 bouquet d'asperges vertes
- 250 g de haricots verts
- 250 g de quinoa
- 3 cuil. à soupe de curry en poudre
- 3 cuil. à soupe d'huile d'olive
- sel

Equeutez les haricots et coupez-les en deux. Détachez les bouquets de brocoli, taillez les asperges en trois ou quatre morceaux, les courgettes en petits dés sans les peler.

Placez le quinoa rincé et les légumes crus dans une casserole d'eau froide (deux fois le volume du quinoa).

Faites cuire à petit feu et à couvert jusqu'à ce que l'eau soit absorbée.

Saupoudrez de curry, salez à votre goût, mélangez et servez arrosé d'huile d'olive.

Gratiné de tofu au parmesan

- 600 g de tofu ferme
- 100 g de chapelure
- 150 g de parmesan
- 2 cuil. à soupe d'huile d'olive
- 1 gros pot de sauce tomate
- 150 g de gruyère râpé
- épices : ail, origan, basilic
- sel

Mélangez la chapelure, les épices et le parmesan.
Coupez le tofu en tranches fines sans trop les égoutter et passez-les dans la panure. Faites chauffer l'huile d'olive dans une poêle et faites-y revenir les tranches de tofu.
Dans un grand plat à four, versez la moitié du pot de sauce tomate puis déposez le tofu en superposant les tranches façon lasagnes.
Verser le reste de sauce tomate, saupoudrez de gruyère râpé et éventuellement du reste de chapelure.
Faites gratiner 15-20 mn à th. 180°.

Tian d'aubergines

- 1 kg d'aubergines
- 5 tomates
- 3 cuil. à soupe d'huile d'olive
- 1 œuf
- noix de muscade
- thym

Pelez les aubergines. Coupez les en dés. Dans une poêle, faites-les revenir dans un peu d'huile. Salez, poivrez.
Pelez les tomates, épépinez et concassez-les.
Dans un plat à gratin huilé, le tian, mélangez les aubergines et les tomates avec l'œuf battu, le reste de l'huile, l'ail

- 2 gousses d'ail
- fromage râpé
- sel, poivre

écrasé et le thym. Arrosez du reste de l'huile.
Saupoudrez de fromage râpé.
Enfournez à four moyen pour 30 mn.

Curry de tofu à la crème de soja

- 125 g de tofu (nature ou fumé)
- 2 cuil. à soupe de curry
- 1 oignon
- 1 gousse d'ail
- 1 cuil. à soupe d'huile de tournesol
- 1 chou-fleur
- 1 boîte de crème de soja
- 50 g de raisins secs
- 50 g de cacahuète
- 40 cl de bouillon

Dans un saladier, placez l'oignon et l'ail hachés finement, puis ajoutez le curry, les cacahuètes et le tofu coupé en morceaux. Mélangez puis versez l'huile de tournesol.
Faites revenir ce mélange dans une casserole sur feu moyen.
Coupez le chou-fleur et les carottes en petits morceaux.
Mouillez la marinade avec le bouillon de légumes, puis rajoutez-y les carottes et le chou-fleur. Laissez cuire pendant 15 mn puis rajoutez la crème de soja et les raisins secs. Laissez encore cuire 5 mn.
Versez sur un plat de service avec éventuellement quelques feuilles de persil pour la décoration.

Pâtes aux 2 fromages, façon Agnès

- 500 g de penne, farfalle
- 1/2 poivron
- 400 g de féta
- 100 g de parmesan
- 25 cl de lait ou de crème fraîche liquide
- huile d'olive
- sel, poivre

Coupez le poivron en très fines lamelles. Faites cuire les pâtes « al dente » avec les morceaux de poivrons dans de l'eau bouillante salée.

Pour la sauce, écrasez la féta à l'aide d'une fourchette, mettez-la dans une casserole avec un peu de lait ou de crème liquide, faites cuire à feu doux en remuant constamment jusqu'à l'obtention d'une sauce crémeuse.

Ajoutez un filet d'huile d'olive, un tour de poivre du moulin et du parmesan. Servez sans attendre.

Gratin de courgettes

- 1 kg de courgettes
- 5 tomates
- 3 cuil. à soupe d'huile d'olive
- 1 œuf
- noix de muscade
- 2 gousses d'ail, thym
- 2 gros oignons
- fromage râpé
- sel, poivre

Emincez les oignons et coupez les courgettes en dès. Dans une poêle, faites revenir le tout dans un peu d'huile. Salez, poivrez. Pelez les tomates, épépinez et concassez-les. Dans un plat à gratin huilé, le tian, mélangez les légumes et les tomates avec l'œuf battu, le reste de l'huile, l'ail écrasé et le thym. Arrosez du reste de l'huile. Saupoudrez de fromage râpé. Enfournez à four moyen pour 30 mn.

Mes desserts aux fruits

Billes de melons aux baies roses

- 1 melon des Charentes
- 1 melon vert
- 1 melon d'Espagne
- quelques baies roses
- 1 citron
- quelques feuilles de menthe

A l'aide d'une cuillère parisienne, faites des billes dans la chair des melons coupés en deux et vidés de leurs pépins. Il faut bien enfoncer l'ustensile avant de tourner la cuillère. Placez les billes mélangées dans un joli saladier transparent (ou dans des verrines individuelles) et arrosez d'un trait de jus de citron. Parsemez de quelques pincées de baies roses concassées (il existe des moulins jetables aux baies roses). Disposez quelques brins de menthe ciselée et placez au frais avant de servir.

Charlotte aux fruits rouges

- 24 biscuits à la cuillère
- 500 g de framboises, fraises ou autres fruits rouges

Battez le fromage avec le sucre.
Tapissez le fond et les côtés d'un moule à charlotte de biscuits trempés dans de l'eau légèrement sucrée et parfumée au kirsch.

. 500 g de fromage blanc 40 %
. 75 g de sucre
. 1 cuil à soupe de kirsch

Mettez en alternance une couche de framboises, une couche de fromage blanc... et terminez par une couche de biscuits. Au moment de servir, vous pouvez recouvrir la charlotte d'un coulis de fruits rouges.

Fruits rouges au champagne de sureau

- 2 barquettes de framboises
- 1 barquette de groseilles
- 1 ou deux barquette de fraises (selon leur taille)
- 80 g de sucre en poudre
- 40 cl de champagne de sureau
- quelques feuilles de menthe

Nettoyez délicatement les fruits. Coupez en morceaux les fraises si nécessaire.

Répartissez-les fruits dans de jolies flûtes (ou des coupelles si les flûtes sont trop petites), saupoudrez le sucre et versez le champagne de sureau. Parsemez de brins de menthe ciselée et servez sans attendre.

Pour le champagne : faites bouillir 2 l d'eau avec 250 g de sucre roux. Une fois le liquide refroidi, ajoutez 3 bouquets de fleurs de sureau, 1 citron en rondelles et 2 cuil. à soupe de vinaigre blanc. Couvrez et laisser fermenter 48 h. Tamisez et mettez en bouteilles champenoises. Laissez au frais 15 jours avant de consommer.

Fraises des bois au sorbet de melon

- 250 g de fraises des bois
- 1 melon mûr à point
- 2 bananes
- 200 g de glace à la banane
- 100 g de sorbet au melon
- 15 cl de porto blanc
- quelques feuilles de menthe fraîche

Coupez en dés la chair du melon et gardez-la au frais. Placez au réfrigérateur 6 coupes en verre. 5 mn avant de servir, sortez le sorbet au melon du congélateur afin qu'il ramollisse un peu. Mélangez-le alors avec le porto et répartissez-le dans le fond des coupes. Rajoutez des dés de melon, des boules de glace à la banane, des rondelles de banane et des fraises des bois. Décorez avec un petit bouquet de feuilles de menthe.

Cheesecake au citron

- 125 g de biscuits (petits beurre, spéculoos)
- 50 g de beurre fondu
- 500 g de fromage frais (Saint Moret)
- 170 g de sucre
- 2 œufs entiers +2 jaunes
- 10 cl de crème fraîche liquide
- 1 citron bio
- arôme citron

Préchauffez votre four th 5. Réduisez les biscuits en miettes et mélangez-les avec le beurre fondu. Tapissez-en le fond d'un moule à manqué en tassant bien. Battez le fromage, la crème, le sucre avec les œufs entiers. Prélevez le zeste du citron, pressez le jus et incorporez-le ainsi que quelques gouttes d'arôme. Versez la préparation sur le fond de tarte et enfournez pour 40 mn, en recouvrant avec un papier aluminium. En fin de cuisson, découvrez pour laisser dorer un peu (facultatif).

Salade de pêches épicées aux groseilles

- 3 pêches
- 250 g de groseilles rouges
- 1 orange
- 1 citron
- 0,5 l de vin rouge bio
- 1,5 dl de sirop de sucre de canne
- 1 bâton de cannelle
- 3 clous de girofle

Faites chauffer le vin avec le sirop de sucre, la cannelle, les clous de girofle, les zestes de l'orange et du citron ainsi que leur jus. Laissez infuser puis filtrez et mettez au frais. Placez dans un saladier les pêches coupées en quartiers et arrosez-les avec le vin glacé aux épices. Ajoutez les groseilles, mélangez délicatement et mettez au frais avant de servir.

Granité pomme-cassis

- 1 kg de cassis + 1 poignée pour décorer
- 4 pommes golden
- 0,5 l d'eau
- 500 g de sucre
- 1 citron

Pelez et coupez les pommes en petits morceaux. Mettez-les dans une casserole avec le cassis, le sucre et le jus du citron. Portez à ébullition et laissez « crever » les grains de cassis. Poursuivez la cuisson 5 mn jusqu'à ce que les pommes soient tendres. Egouttez rapidement. Mixez bien la purée de fruits et placez-la au congélateur dans un saladier couvert d'un film. Après 30 mn, sortez le granité et mélangez à la fourchette. Replacez au congélateur et répétez l'opération 2 ou 3 fois.

Salade de fruits sous la neige

- 2 barquettes de myrtilles
- 1 barquette de mûres
- 1 barquette de framboises
- 1 barquette de fraises
- 300 g de fromage blanc
- 3 blancs d'œuf
- 150 g de sucre en poudre
- 1 citron

Lavez et séchez les fruits avant de les arroser d'un jus de citron, de les mélanger et de les disposer dans des coupelles. Battez les blancs en neige en versant le sucre très lentement. Battez le fromage blanc à la fourchette avant d'y incorporer les blancs doucement, sans casser la neige, comme pour une mousse. Recouvrez les fruits de cette neige et servez sans attendre.

Salade de fruits au sirop d'agrumes

- 2 oranges non traitées
- 2 citrons verts non traités
- 1 citron jaune
- 4 pommes
- 3 bananes
- 4 kiwis

Prélevez le zeste des oranges et des citrons, pressez les jus et mettez le tout dans une casserole avec le sucre et l'eau de fleurs d'oranger. Ajoutez le gingembre pelé et coupé en rondelles. Laissez réduire à feu doux et à découvert pendant 15 mn en remuant de temps à autre. Pendant ce temps, pelez les pommes, les bananes et les kiwis, coupez-les en

- 1 morceau de gingembre frais
- 150 g de sucre en poudre
- 1 cuil. à soupe d'eau de fleurs d'oranger

petits dés et versez-les dans un saladier en les arrosant d'un jus de citron. Lorsque le sirop est prêt, laissez-le refroidir avant de le verser sur la salade de fruits.

Une variante : parfumer le sirop avec une étoile de badiane.

Salade de melon et fraises

- 2 melons moyens ou 3 petits
- 300 g de fraises
- 10,5 l de vin blanc sec bio
- 200 g de sucre en poudre
- quelques feuilles de menthe fraîche

Faites tiédir le vin avec le sucre en mélangeant pour bien le dissoudre.
Coupez en dés la chair des melons, choisis mûrs à point, et versez-les dans un saladier.
Nettoyez les fraises puis ajoutez-les au melon.
Recouvrez le tout du vin sucré et laissez macérer au frais pendant 2 à 3 h.
Au moment de servir, parsemez un peu de menthe ciselée et décorez avec quelques bouquets de feuilles entières.

Salade d'oranges aux épices de Sabine

- 1 kg d'oranges
- 0,5 l d'eau
- 200 g de sucre en poudre
- 3 étoiles de badiane
- 1 bâton de cannelle
- 3 clous de girofle
- 5 cl de rhum

Portez à ébullition l'eau, le sucre et les épices puis, après 2 mn ,laissez refroidir.

Pelez à vif les oranges, coupez-les en tranches, et plongez-les dans le sirop tiède.

Laissez macérer au frais au moins 2h, retirez les épices et parfumez de rhum selon le goût.

Servez très frais.

Coupes du vigneron

- 1 kg de fruits d'automne mélangés : raisins blancs et noirs, poires et pommes
- 100 g de sucre
- 1 citron
- 25 cl de bon vin rouge bio (Bordeaux de préférence)
- quelques glaçons

Lavez et pelez les fruits. Coupez en morceaux pommes et poires, égrenez les raisins.

Répartissez-les dans des coupes, et arrosez de jus de citron.

Sucrez. Laissez macérer au frais.

Au moment de servir, mettez quelques glaçons et remplissez les coupes de vin.

Salade de prunes aux épices

- 1 kg de prunes (quetsches)
- 1 l de bon vin rouge bio (Bourgogne)
- 250 g de sucre semoule
- 1 bâton de cannelle
- 2 cuil. à café de graines de coriandre
- 6 clous de girofle
- 1 cuil. à café de poivre vert lyophilisé
- 1 citron
- 1 orange

Lavez les prunes à l'eau courante, puis essuyez-les. Pilez grossièrement la coriandre et les clous de girofle.
Lavez et brossez soigneusement les agrumes. Prélevez au couteau économe le zeste de l'orange et celui du citron, émincez finement.
Dans une casserole, mettez ce zeste avec les épices, le sucre et le vin rouge. Amenez à ébullition, laissez bouillir doucement pendant 5 mn.
A ce moment, placez les prunes dans le vin rouge.
Comptez 5 mn de cuisson au frémissement à partir de la reprise de l'ébullition. Laissez refroidir puis conservez en réfrigérateur jusqu'au lendemain.
Servez très frais.

Pie aux mûres

- 1 pâte brisée
- 3 pommes reine de reinette
- 300 g de mûres
- 100 g de sucre en poudre
- 60 g de beurre
- 1 pincée de cannelle
- 1 jaune d'œuf pour dorer

Pelez et coupez les pommes en tranches fines. Beurrez copieusement un plat à pic et placez-y les pommes en les saupoudrant de la moitié du sucre mélangé à un peu de cannelle.

Recouvrez avec les mûres et saupoudrez par dessus le reste de sucre et de cannelle.

Disposez sur les mûres le beurre restant.

Recouvrez avec un couvercle de pâte et dorez au jaune d'œuf.

Faites cuire à four moyen pendant 40 mn et servez tiède, accompagné de crème fraîche.

Tarte aux myrtilles et aux spéculoos

- 1 pâte sablée
- 500 g de myrtilles
- 15 cl de crème liquide
- 2 œufs
- 100 g de sucre
- 4 biscuits spéculoos ou Bastogne

Foncez un moule à tarte. Emiettez les biscuits et saupoudrez-les sur la pâte. Disposez les myrtilles crues par-dessus et enfournez pour 15 mn thermostat 6.

Pendant ce temps, battez les œufs, la crème et le sucre.

Versez cette crème sur la tarte et remettez-la au four pour 15 mn à four th 5.

Mon muesli aux fruits

- 4 grosses pommes bio
- 250 g de fruits mélangés: poires oranges bananes... selon la saison
- 4 cuil. à soupe de flocons d'avoine
- 1 dl de lait concentré sucré
- 3 cuil. à soupe de noisettes ou d'amandes en poudre
- 1/2 citron

Diluez le lait concentré dans un peu d'eau et mélangez-le aux flocons d'avoine. Laissez macérer 10 mn. Lavez les pommes, retirez les queues et le coeur avec un vide-pomme mais ne les épluchez pas. Râpez-les.

Ajoutez-les aux flocons d'avoine en arrosant de quelques gouttes de citron pour qu'elles ne noircissent pas. Mélangez puis ajoutez les autres fruits coupés en dés.

Saupoudrez de la poudre de noisettes ou amandes. Servez frais mais non glacé. On peut décorer ce dessert d'une couche de crème Chantilly et de fruits.

Muffins aux myrtilles

- 200 g de farine
- 2 œufs
- 100 g de sucre
- 1 sachet de levure
- 15 cl de crème d'avoine + lait
- 50 g de beurre
- 2 petites pommes
- 100 g de myrtilles
- 50 g de muesli
- cannelle

Préchauffez votre four à 180°. Dans un saladier, mélangez la farine, la levure, 2 pincées de cannelle et le sucre.

Dans un autre saladier, battez les œufs avec la crème d'avoine (+ 4 cuil. à soupe de lait), ajoutez le beurre fondu.

Réunissez les 2 préparations, mélangez rapidement. Ajoutez les pommes coupées en dès, les myrtilles et le muesli aux fruits.

Versez dans des moules à muffins. Faites cuire 15 mn environ.

Tarte tiède à l'abricot

- 1 pâte feuilletée
- 6 pommes
- 10 abricots mœlleux
- 50 g de sucre
- 30 g de beurre
- 30 g de poudre d'amandes
- 2 cuil. à soupe de crème fraîche
- 1 œuf

Préchauffez le four th 5 (150°). Pelez 4 pommes et coupez-les en morceaux. Détaillez les pommes restantes en tranches fines. Coupez les abricots en quatre. Faites revenir les pommes et les abricots à la poêle avec le beurre pendant 5 mn. Incorporez le sucre et laissez caraméliser un peu. Versez cette compote sur la pâte feuilletée et enfournez pour 30 mn. Si la compote sèche trop vite, vous pouvez couvrir d'un papier aluminium. Pendant ce temps, mélangez le jaune d'œuf, la crème fraîche et la poudre d'amandes. Montez le blanc en neige et incorporez-le à la crème. Etalez cette préparation sur la tarte et passez-la au four quelques minutes. Servez tiède.

Soufflé aux abricots

- 6 à 8 abricots très mûrs
- 200 g de sucre
- 5 cuil à soupe d'eau froide
- 5 blancs d'œufs
- 1 pincée de sel
- 1 cuil. à café de liqueur

Ecraser la chair des abricots en purée. Porter à ébullition le sucre et l'eau pour obtenir un sirop épais. Ajouter la pulpe et son jus et recuire jusqu'à une consistance de sirop. Parfumer à la liqueur. Battre les blancs en neige avec le sel et incorporer au mélange quand il a tiédi. Faire cuire dans un moule beurré, à bords hauts, 25 mn à four moyen.

Tarte renversée aux abricots et au romarin

- 1 pâte brisée
- 750 g d'abricots
- 75 g de beurre ramolli
- 200 g de sucre
- 1 branche de romarin

Etalez 50 g de beurre dans le fond d'un moule à manqué. Saupoudrez 100 g de sucre sur cette pommade.

Dénoyautez les abricots, coupez-les en deux et placez-les côte à côte dans le plat, partie bombée sur le sucre.

Réservez les abricots restants, coupés en morceaux. Parsemez le plat de quelques brins de romarin hachés.

Placez au four th 6 (180°) 20 mn. Sortez le plat du four.

Saupoudrez le reste de sucre, et disposez les morceaux d'abricots.

Placez de petites noisettes de beurre régulièrement au milieu des fruits.

Couvrez avec la pâte brisée en enfonçant bien les bords.

Enfournez pour 35 mn th 6 après avoir préchauffé le four.

Attendez 10 mn avant de démouler la tarte renversée.

Tarte au citron vert de Marina

- 8 citrons verts
- 1 paquet de spéculoos ou de Bastogne
- 20 cl de crème entière liquide
- 1 boîte de lait concentré sucré

Disposez les biscuits dans le fond d'un moule (de préférence carré c'est plus facile pour caser les biscuits). Prélevez les zestes des citrons, puis pressez-les tous. Mélangez le jus au lait concentré, puis ajoutez la crème liquide. Versez cet appareil sur les biscuits et placez au réfrigérateur toute la nuit. Au moment de servir, parsemez les zestes sur la tarte.

Tarte au potiron

- 1 pâte sablée
- 1 kg de potiron
- 25 cl de lait concentré non sucré
- 2 œufs
- 30 g de sucre roux
- 1 cuil. à café de cannelle
- 1 cuil. à café de gingembre moulu
- 1 pincée de muscade râpée

Etalez la pâte assez finement.

Epluchez le potiron, coupez-le en morceaux et faites-le cuire à l'eau bouillante 10 mn. La chair doit être cuite mais encore ferme. Egouttez-le soigneusement au chinois, en pressant un peu pour faire sortir l'eau.

Battez les œufs, le sucre, le lait concentré et les épices. Incorporez le potiron en purée (écrasé à la fourchette ou rapidement mixé). Versez la préparation sur le fond de pâte et faites cuire 30 à 40 mn à four moyen. La tarte

- 5 bâtonnets d'écorces d'orange confite

ne doit pas colorer. Une fois refroidie, parsemez de petits morceaux d'écorce d'orange confite.

Gelée de lait d'amandes aux fruits rouges

- 0,75 l de lait d'amandes
- 150 g de sucre en poudre
- 15 g de gélatine en feuilles
- 10 cl de crème fraîche
- 1 cuil. à soupe de rhum
- 1/2 pot de miel liquide
- 125 g de framboises
- 60 g de groseilles

Huilez l'intérieur d'un moule à charlotte et placez-le au réfrigérateur.

Faites chauffer à feu moyen le lait d'amandes mélangé au sucre et portez-le à petits frémissements en remuant.

Hors du feu, ajoutez une à une les feuilles de gélatine passées à l'eau froide et essorées. Remuez pour bien dissoudre la gélatine et laissez tiédir. Incorporez alors le rhum et la crème fraîche. Mélangez bien puis versez dans les moules. Laissez au réfrigérateur plusieurs heures.

Au moment de servir, démoulez sur les plats de service et nappez de miel liquide.

Répartissez les fruits rouges sur les gelées.

Aspic de pêches

- 6 pêches blanches
- 200 g de framboises
- 75 cl de muscat
- 1 citron
- 4 cuil. à soupe de sucre
- 4 cuil. à café de gélatine en poudre
- poivre
- 10 feuilles de menthe fraîche

Pressez le citron et mettez la poudre de gélatine à gonfler dans le jus.

Mixez les framboises pour en faire un coulis.

Mettez le muscat à chauffer avec le sucre et une pincée de poivre. Laissez-le frémir une dizaine de minutes, puis faites refroidir. Quand le vin sera tiède, versez-y le jus de citron avec la gélatine et tournez à la cuillère jusqu'à ce que la gélatine soit complètement dissoute. Ajoutez le coulis de framboises.

Pelez les pêches après les avoir pochées une minute dans l'eau bouillante, égouttez-les, coupez-les en tranches. Recueillez le jus rendu par les fruits et versez-le dans la gelée.

Dans un moule à cake que vous aurez mis préalablement quelques minutes dans le congélateur, faites couler un peu de gelée au muscat, déposez dessus quelques feuilles de menthe. Mettez au réfrigérateur le temps que cette couche d'environ 1 cm prenne.

Disposez les pêches sur le fond de gelée pris, versez par dessus le reste de gelée. Tapotez le moule pour faire descendre la gelée.

Mettez au frais pour 12 h. Pour démouler, trempez le moule quelques secondes dans de l'eau chaude. Découpez, si possible, avec un couteau électrique.

Tourte aux cerises à la crème

- 2 pâtes sablées
- 1 kg de cerises dénoyautées
- 100 g + 50 g de sucre en poudre
- 25 g de farine
- 50 g de beurre
- 2 cuil. à soupe de kirsch
- 1 jaune d'œuf

Etalez la première pâte dans une tourtière et placez-la au frais. Dénoyautez les cerises en ayant soin de conserver le jus qui s'en écoule. Mettez les cerises, leur jus et les 100 g de sucre dans une casserole et faites cuire 5 à 10 mn pour leur faire rendre leur eau. Egouttez-les soigneusement.

Préparez la crème en versant dans une petite casserole un verre de jus, le beurre et le sucre. Cuisez à feu doux en battant au fouet.

Dans un bol, délayez la farine avec un peu de jus, puis incorporez ce mélange à la crème qui va épaissir peu à peu. Ajoutez le kirsch. Préchauffez le four th 6 (180°). Sortez la pâte du réfrigérateur, versez la compote de cerises et recouvrez de crème. Posez la seconde pâte sablée en ayant soin de souder les bords. Délayez le jaune d'œuf avec un peu d'eau et badigeonnez la tourte uniformément. Enfournez pour 40 mn.

Variante : vous pouvez confectionner une tarte aux cerises en versant sur une pâte sablée 500 g de cerises mélangées à 2,5 dl de crème fraîche, 300 g de sucre, 2 cuil à soupe de kirsch et 3 œufs battus.

Gâteau aux fruits de Marinette

- 125 g de farine
- 220 g de sucre
- 1 sachet de levure
- 4 œufs
- 100 ml d'huile
- 1 pincée de sel
- fruits de saison : pommes, poires, pêches, abricots....

Pelez les fruits et coupez-les en morceaux.
Mêlez les poudres puis ajoutez les œufs un à un en mélangeant bien chaque fois.
Versez l'huile et travaillez rapidement la pâte au racloir.
Recouvrez le fond d'un moule de fruits coupés en morceaux et versez la pâte sur les fruits.
Faites cuire 30 mn à feu moyen (th 6).

Tarte au citron express

- 1 pâte brisée
- 400 g de lait concentré sucré
- 4 ou 5 citrons
- 2 œufs

Prélevez le zeste de deux citrons, puis pressez le jus des quatre.
Mélangez le lait concentré, le jus, les zestes et les œufs et versez sur la pâte. Faites cuire à four moyen pendant 30 mn.

Tarte aux pêches parfum verveine

1 pâte feuilletée
6 pêches
100 g de sucre
ristallisé
1 cuil. à soupe
10 cl d'eau
30 feuilles de
erveine fraîche si
ssible
20 g de beurre bien
oid
ucre glace
1 blanc d'œuf

Quelques jours auparavant, préparez 20 feuilles de verveine cristallisées : à l'aide d'un petit pinceau, enduisez les deux faces de blanc d'œuf battu, saupoudrez-les de sucre glace puis faites-les sécher sur un papier sulfurisé en les plaçant au chaud (au-dessus d'un radiateur par exemple).

Le jour même : réalisez un sirop en portant l'eau et le sucre à ébullition puis en y faisant infuser les feuilles de verveine restantes. Pendant ce temps, pelez les pêches et coupez-les en quartiers. Faites-les pocher dans le sirop quelques minutes. Faites blanchir la pâte à four chaud pendant 10 mn après l'avoir piquée à la fourchette.

Une fois la pâte refroidie, disposez les quartiers de pêches, saupoudrez d'une cuillère à soupe de sucre cristallisé et parsemez les fruits de quelques copeaux de beurre. Laissez cuire à four moyen pendant 20 mn.

Au moment de servir, décorez la tarte des feuilles de verveine cristallisées.

Tatin aux coings

- 1 pâte brisée
- 5 à 6 coings selon leur grosseur
- 300 g de sucre
- cannelle en poudre
- 1 noix de beurre

Pelez les coings, coupez-les en morceaux et faites-les cuire 20 mn dans un fond d'eau. Egouttez-les. Faites un sirop avec le sucre et l'eau. Quand il commence à épaissir, ajoutez les coings, la cannelle et laissez cuire en marmelade.

Préchauffez le four thermostat 6 (180°). Versez la compote dans le fond d'un moule à manqué préalablement beurré. Couvrez avec la pâte brisée et mettez au four pour 25 mn.

Attendez ensuite 10 mn avant de démouler.

Tarte anglaise fraises-rhubarbe

- 1 pâte sablée
- 750 g de fraises
- 750 g de tiges de rhubarbe
- 250 g de sucre en poudre
- 1 dl d'eau
- 1 citron
- 1 blanc d'œuf
- 1 dl de crème épaisse

Epluchez la rhubarbe et coupez-la en petits morceaux. Lavez et frottez le citron avant de le couper en fines tranches. Dans une grande casserole, faites bouillir l'eau, le citron et 200 g de sucre pendant 8 mn. Ajoutez alors la rhubarbe et laissez cuire 25 mn à feu doux en remuant.

Avec la pâte sablée, foncez un moule à tarte beurré et fariné, et piquez le fond avec une fourchette. Faites cuire à four chaud

environ 15 mn jusqu'à ce que la pâte commence à dorer puis laissez refroidir.
Battez en neige ferme le blanc d'œuf en ajoutant peu à peu le reste de sucre. Incorporez délicatement cette meringue à la compote de rhubarbe tiède puis étalez le tout sur le fond de tarte. Recouvrez la surface de la tarte avec la crème fraîche et disposez les fraises par dessus.

Tarte aux figues fraîches

- 1 pâte feuilletée
- 15 à 20 figues fraîches pas trop mûres
- 50 g de beurre dur
- 50 g de sucre

Préchauffez le four thermostat 5 (180°). Rincez les figues et séchez-les soigneusement. Fendez-les en quatre sans séparer les quartiers de manière à obtenir une figue ouverte aux trois-quarts. Etalez la pâte et disposez les figues les unes contre les autres bien ouvertes. Déposez sur chaque figue un bon copeau de beurre. Saupoudrez l'ensemble de sucre et enfournez pour 30 mn. Les figues doivent être « flappies » et caramélisées. Dégustez tiède (mais pas trop chaud, le parfum des figues n'en sera que plus présent).

Tartelettes à la menthe et aux framboises

- 1 pâte feuilletée
- 100 g de semoule de blé fine
- 200 g de ricotta
- 150 g de sucre
- 2 œufs
- 10 cl de crème fraîche épaisse
- 5 brins de menthe
- 150 g de framboises

Ciselez les feuilles de 3 brins de menthe. Mélangez la ricotta avec les jaunes d'œuf, la moitié du sucre, la semoule, la menthe ciselée et la crème. Incorporez délicatement les blancs battus en neige ferme. Garnissez de pâte les moules à tartelettes beurrés et farinés. Versez sur la pâte la préparation et faites cuire à four chaud pendant 15 à 20 mn. Au sortir du four, saupoudrez avec le reste du sucre et passez les tartelettes 5 mn sous le gril.

Servez-les tièdes ou froides, décorées de feuilles de menthe et de framboises.

Tartelettes aux fraises des bois

- 1 pâte sablée
- 2 barquettes de fraises des bois
- 1 petite bouteille de crème fleurette

Etalez la pâte finement et découpez des cercles à l'aide d'un grand verre. Piquez les tartelettes et faites-les cuire 10 à 15 mn à four moyen jusqu'à ce que les bords commencent à dorer.

- 40 g de sucre glace
- 1 bâton d'angélique confite

Montez la chantilly au fouet électrique en plaçant la crème fleurette préalablement refroidie dans un bol posé sur un lit de glaçons. Dès que la chantilly prend, versez le sucre glace en pluie sans cesser de fouetter. Garnissez les tartelettes complètement refroidies de chantilly, puis disposez les fraises des bois et quelques brins d'angélique confite.

Clafoutis aux cerises

. 1 kg de cerises bien mûres dénoyautées
. 0,5 l de lait
. 4 œufs
. 200 g de sucre
. 200 g de farine
. 3 pincées de cannelle, beurre

Préchauffez le four à 180° (th. 6).

Mélangez le sucre et les œufs pour obtenir une mousse.

Ajoutez la farine et la cannelle ; mélangez en veillant à réduire tous les grumeaux. Ajoutez le lait petit à petit. Tapissez un moule beurré avec les cerises. Versez la pâte et laissez cuire à four chaud 30 mn. Saupoudrez légèrement de sucre et remettez au four 10 mn pour que le dessus soit caramélisé.

Variante : vous pouvez remplacer les cerises par des quartiers de pommes ou de petites poires très fermes.

Tarte aux poires à la crème de nougat

- 1 pâte sablée
- 5 poires conférence
- 150 g de nougat
- 25 cl de lait
- 4 jaunes d'œuf
- 100 g de sucre
- 1 barre de chocolat noir

Faites bouillir le lait et le nougat coupé en morceaux et laissez cuire à feu doux jusqu'à ce que les morceaux soient fondus. Battez les œufs et le sucre intimement. Versez petit à petit le lait au nougat sur le mélange sucre-œufs (très doucement au début pour ne pas faire cuire les œufs). Placez à nouveau sur feu doux et laissez épaissir la crème de nougat.Etalez la pâte. Pelez les poires et coupez-les en tranches. Disposez les poires sur le fond de tarte et versez la crème par-dessus. Placez à four moyen pour 30 mn. Laissez refroidir et décorez de copeaux de chocolat noir.

Tatin de pommes façon kouign aman

- 1 pâte brisée
- 200 g de sucre
- 200 g de beurre
- 6 grosses pommes

Pelez les pommes, coupez-les en deux et ôtez les trognons. Mélangez le beurre et le sucre et tapissez-en le fond d'un moule à manqué sur lequel vous disposerez les moitiés de pommes coupées (côté bombé vers le fond). Placez le moule sur le feu et faites caraméliser les pommes en tournant le plat régulièrement afin que le caramel soit uniforme. Recouvrez de la pâte brisée en soudant bien les bords et faites cuire à four moyen pendant 30 mn. Laissez refroidir avant de démouler.

Tarte Pont-Audemer

- 2 pâtes feuilletées
- 5 à 6 grosses pommes
- 100 g de beurre
- 50 g de sucre
- 5 cuil. à soupe de confiture d'abricots
- 1 blanc d'œuf
- 200 g de sucre glace
- 1 jus de citron

Pelez les pommes et coupez-les en six. Faites les revenir à la poêle dans le beurre fondu. Incorporez le sucre, puis la confiture d'abricots. Laissez caraméliser un peu. Lorsque les pommes sont compotées mais encore en morceaux, stoppez la cuisson.

Préparez le glaçage : fouettez ensemble le blanc d'œuf, le sucre glace et la moitié du jus de citron. Ce glaçage doit avoir une consistance pâteuse (s'il est trop sec, ajoutez encore un peu de jus de citron). Versez la compote pommes-abricots sur le fond de pâte feuilletée. Placez la seconde pâte dessus et soudez les bords avec soin. Etalez le glaçage sur la tourte et placez à four moyen pendant 30 mn, puis à four doux pendant 15 mn.

Tarte aux mirabelles

- 1 pâte brisée
- 1 kg de mirabelles
- 1 cuil. à soupe de sucre en poudre
- 2 cuil. à soupe de sucre glace ou de confiture d'abricots
- 1 verre à liqueur d'eau-de-vie de mirabelles

Etendez la pâte dans un moule à tarte beurré et fariné. Saupoudrez de sucre en poudre. Disposez dessus les mirabelles dénoyautées en les serrant bien.

Mettez à four chaud 30 mn.

Au moment de servir, saupoudrez de sucre glace ou recouvrez d'un peu de confiture d'abricots légèrement fondue. Vous pouvez aussi arroser d'eau-de-vie la tarte encore tiède et la faire flamber.

Tarte aux pruneaux

- 2 pâtes feuilletées
- 200 g de pruneaux dénoyautés
- 100 g de sucre en poudre
- 5 cl de rhum
- 1 cuil à café de cannelle
- 1 petite pincée de sel
- 1 jaune d'œuf pour dorer

La veille, faites tremper les pruneaux dans l'eau froide avec la cannelle et le sel.

Le jour même, faites-les cuire dans leur eau à petits bouillons pendant 30 mn. Egouttez-les, coupez-les un peu en morceaux et remettez-les à cuire sur feu doux avec le sucre et le rhum pendant 5 mn.

Etalez la première pâte dans un moule beurré et fariné. Recouvrez avec les pruneaux. Découpez en bandes la deuxième pâte afin de faire des croisillons sur le dessus

de la tarte. Dorez-les au jaune d'œuf battu ainsi que le bourrelet tout autour.
Faites cuire 25 à 30 mn à four chaud.

Tarte aux deux raisins

- 1 pâte feuilletée
- 250 g de raisin noir
- 250 g de raisin blanc
- 1/4 l de lait
- 3 œufs
- 80 g de sucre
- 20 g de farine
- 30 g de poudre d'amandes

Préchauffez le four thermostat 6 (180°). Faites cuire la pâte feuilletée à blanc en la couvrant d'un papier sulfurisé garni de légumes secs. Laissez refroidir.
Préparez la crème : dans une casserole, fouettez les jaunes d'œufs avec le sucre puis incorporez la farine et la poudre d'amandes. Faites bouillir le lait et versez-le petit à petit sur le mélange œuf-sucre en remuant sans cesse. Faites épaissir la crème à feu doux, toujours en tournant. Lorsque la crème est refroidie, incorporez un blanc d'œuf battu en neige. Versez cette préparation sur le fond de tarte et disposez les raisins en alternance en les enfonçant dans la crème. Placez la tarte au réfrigérateur avant de servir.

Tourte à la rhubarbe

- 2 pâtes feuilletées
- 750 g de rhubarbe
- 150 g de sucre en poudre
- 1 sachet de sucre vanillé
- 1 pincée de cannelle en poudre
- 1 œuf
- 200 g de crème fraîche

Epluchez la rhubarbe, coupez-la en petits cubes et faites-la blanchir quelques minutes dans l'eau bouillante pour enlever l'acidité. Egouttez-la et saupoudrez-la de sucre vanillé et d'une pincée de cannelle.

Garnissez un moule à tarte beurré d'une pâte feuilletée et faites-la cuire à blanc 5 mn à four moyen. Remplissez ensuite ce fond avec la rhubarbe et répartissez par dessus le sucre en poudre.

Recouvrez la tarte avec la deuxième pâte en faisant bien adhérer les bords. Aménagez une ou plusieurs cheminées sur ce couvercle, puis dorez à l'œuf. Mettez à cuire à four chaud pendant 30 mn environ.

Par les cheminées, versez un peu de crème fraîche 5 mn avant la fin de la cuisson.

Servez tiède, accompagnée d'une jatte de crème fraîche ou de glace à la vanille.

Index des recettes

Chez le même éditeur

Cahier n °1 : Mes recettes normandes
Cahier n °2 : Mes recettes provençales
Cahier n °3 : Mes recettes bretonnes
Cahier n °4 : Mes recettes auvergnates
Cahier n °5 : Mes recettes du Languedoc et des Cévennes
Cahier n °6 : Mes recettes charentaises
Cahier n °7 : Mes recettes angevines
Cahier n °8 : Mes recettes savoyardes
Cahier n °9 : Mes recettes du Dauphiné et de la Drôme
Cahier n °10 : Nos recettes limousines
Cahier n °11 : Mes recettes berrichonnes
Cahier n °12 : Mes recettes picardes
Cahier n °13 : Mes recettes du Sud-Ouest
Cahier n °14 : Mes recettes du Quercy et du Rouergue
Cahier n °15 : Mes recettes alsaciennes
Cahier n °16 : Mes recettes lorraines
Cahier n °17 : Mes recettes corses
Cahier n °18 : Mes recettes vendéennes
Cahier n °19 : Mes recettes comtoises
Cahier n °20 : Mes recettes du Lyonnais et du Beaujolais
Cahier n °21 : Nos recettes de la Touraine et de l'Orléanais
Cahier n °22 : Mes recettes bourguignonnes
Cahier n °23 : Mes recettes du Nord et du Pas-de-Calais
Cahier n °24 : Mes recettes champenoises
Cahier n °25 : Mes recettes de la Sarthe et de la Mayenne
Cahier n °26 : Mes recettes pyrénéennes
Cahier n °27 : Mes recettes poitevines
Cahier n °28 : Mes recettes de la vallée du Tarn et de la Garonne
Cahier n °29 : Mes recettes du Pays basque
Cahier n °30 : Mes recettes ardennaises
Cahier n °31 : Mes recettes niçoises

Maquette : Nathalie Duffond-Boursin

Achevé d'imprimer par Volum Imprimerie. Imprimé en UE-avril 2011.